Mentaltraining

Die intelligente Art erfolgreich zu werden

Der Gute weiß wie, der Erfolgreiche tut es.

Klar kreativ zielgerichtet

Täglich wird viel von uns abverlangt. Für unseren inneren Kritiker alles prima Gelegenheiten, uns zu prügeln und uns das große Scheitern einzureden.

Mentale Stärke dagegen bedeutet, sich ungeachtet der Bedingungen mit Spaß an seiner oberen Leistungsgrenze zu bewegen. Ist Ihr Geist stark genug, unter egal welchen Bedingungen, Höchstleistung zu erbringen?

Mentales Training bewirkt **mentale** *und* **emotionale Stärke**, *die auf Freude und einer positiven inneren Einstellung beruht. Dafür ist ein gesunder Umgang mit den Gefühlen nötig, ebenso wie die Gedankenhygiene für Erfolg und Lebensfreude, Steigerung der Lebensqualität, wie auch der souveräne Umgang mit kritischen und schwierigen Situationen.*

Mentaltraining ist die Steigerung des Konzentrations- und Visualisierungsvermögens, wie auch die Beschäftigung mit Flowzuständen, mit der Entspannung und dem Zugang zu seinen unbewussten Ressourcen. Wenn innere Handbremsen gelöst werden, lassen sich Stärken weiterentwickeln und Menschen ihr volles Potential ausschöpfen: Es resultieren mehr Selbstsicherheit, Selbstbewusstsein, und man ist im Flow.

Mentaltraining

© 2013 - Claude André Ribaux

info@clauderibaux.ch
www.clauderibaux.ch
www.coach365.ch
www.hypeflow.ch
www.ribauxpartner.ch

2. Auflage, November 2013
ISBN 978-3-7322-5476-7
Herstellung und Verlag:
BoD - Books on Demand, Norderstedt
Alle Rechte liegen bei dem Autor

Hunderte von Menschen fühlen sich seit über 20 Jahren von mir als Coach und Trainer angezogen. Die meisten wünschen sich den Quantensprung in ihrem Leben: „Mehr Glück haben, mehr Gesundheit, mehr Erfolg oder Blockaden überwinden", das sind oft Coachingwünsche, die an mich herangetragen werden. Das mentale Training adressiert all diese Themen. Es spricht den Menschen mit seinen ureigenen individuellen Bedürfnissen und Fragen an und ist voll ressourcenorientiert.
In dieser Zusammenfassung finden Sie einige der besten Methoden, die sich über die Jahre bewährt haben. Die meisten der Übungen in diesem Manual sind in sich allein schon sehr wirkungsvoll und reichen oft für eine merkliche Verbesserung in einem bestimmten Bereich aus. Miteinander kombiniert, multiplizieren die Übungen ihre Wirkung. Deshalb: Wählen Sie das aus und kombinieren Sie, was für Sie sinnvoll und aktuell nützlich ist.

Aus Gründen der Lesbarkeit wird im Buch meist die männliche Form verwendet; selbstverständlich ist die weibliche mitgedacht.

Inhaltsverzeichnis

Einführung	05
Liste der Erwartungen	06
Warum Mentaltraining Ü O-Ring Test	07
ZAP Modell	08
Essentielle Elemente	10
Komponenten des Mentaltrainings	12
1. Vom Sport in die Schule und ins Business	12
1.1. Interview mit Didier Cuche	13
2. Mentaltraining von Bewegung und Aktion	14
2.1. Beispiel: Mentale Herausforderung im Tennis	14
3. Die richtige Erregung	16
4. Aufmerksamkeit steuern	17
5. Selbstwirksamkeit	18
6. Gedankenfluss managen	19
6.1. Optimale Formulierung von Gedanken	20
6.2. Liste von unterstützenden Gedanken	21
6.3. Wie kann ich optimistischer denken?	22
Ü 01 Gedanken beeinflussen	23
Ü 02 Geheimnis-Umschalter	24
Ü 03 Fibo-Bild: Ich kann es!	24
7. Gesundes Leben	26
Ü 04 Dilts-Ebenen	27
8. Positives Denken	28
Ü 05 Eigene Ressourcen auflisten	30
Ü 06 Meine Talente	31
9. Ziele	32
Ü 07 Zielimagination	34
9.1. SMARTE-Ziele	35
Ü 08 Zielplan als Kick	36
Ü 09 Zielkonflikte, Meindeinunser	38
10. Anker für Selbstprogrammierung	40
Ü 10 Attraktiver Arbeitsplatz	41
Ü 11 Powerknopf installieren	42
10.1. Swish	43
11. Kreativität	45
Ü 12 Der purpurne Affe	45
12. Blockaden lösen	46
Ü 13 Augenbewegungen	47
Ü 14 Lebensrad	48
Ü 15 Tapas-Akupunktur-Press-Technik (TAT)	49
13. Stresskontrolle	50
13.1. Stress auflösen	51
Ü 16 Totale körperliche Entspannung	51
Ü 17 Lieblingsort	52
U 18 Wo taucht der Gedanke ab?	52
14. Ressourcen stärken	53

Ü 19 Daho	53
Ü 20 Aktives Zentrieren	54
Ü 21 Moment of Excellence	55
Ü 22 Mein Powerzustand	56
Ü 23 Sicherer Ort	57
15. Flow	58
15.1. Im Flow sein	59
15.2. Arbeit im Flow (Interview Hufnagl)	61
Ü 24 Checkliste Flow-Zustand	63
16. Das unbewusste Potential	65
Ü 25 Automatisch Schreiben	65
Ü 26 Antwort auf Fragen erhalten	66
17. Imagination und Visualisieren	67
Ü 27 Filmraum	67
Ü 28 Submodalitäten	68
Ü 29 Image Streaming	69
Ü 30 Tunnelreise	73
Ü 31 Kippbild	74
18. Change Tools	75
Ü 32 Magic Words	75
Ü 33 Perlenprozess	78
Die Zukunft	80
Aktivwacher Höhenflug	80
Lernen 3.0	83
HypeFlow	85
Selbsthypnose	87
Logframe Liste	88
Literatur	89
Quellen	91
Autor	92

Mentaltraining Einführung

Was für den Körper das Fitnessstudio ist für den Kopf mentales Training. Wussten Sie, dass sich die Frage von Erfolg oder Misserfolg zu mehr als 80% in Ihrem Kopf entscheidet? Deshalb wird mentales Training immer wichtiger.

Manager, Schüler, Musiker, Steuerkommissare, Verkäufer, Sportler haben erkannt, dass die mentale Grundeinstellung ein wichtiger Faktor für Erfolg ist. Gedanken zu trainieren und gezielt einzusetzen, hilft Ziele zu erreichen, wie auch in schwierigen Situationen einen absolut klaren Kopf zu bewahren. Ebenso nützt Mentaltraining im Alltag weiter – und es ist relativ leicht zu lernen. Wollen Sie Ihre mentalen Muskeln trainieren und die Kraft der Gedanken richtig einsetzen?

In diesem Buch erhalten Sie einen Überblick zum mentalen Training und einen Einblick in die wichtigsten und einfachsten Vorgehensweisen, die sich über Jahre bewährt haben. Bevor wir damit anfangen, folgender Hinweis aus der Gehirnforschung: Man kann letztlich niemanden dazu bringen oder zwingen, ein Lernangebot oder einen Befehl von außen gegen den eigenen Willen anzunehmen. Das Gehirn als System ist innen so hochgradig verdrahtet, dass es im Wesentlichen mit sich selbst beschäftigt ist. Reize und Informationen von außen haben einen verschwindend kleinen Einfluss gegenüber dem inneren Geschehen (Schmidt, S.15). Für das Lernen und auch das Einüben des Mentaltrainings bedeutet dies: Bevor Sie einem Hinweis von außen nachgehen, beobachten Sie zuerst, was zu dieser Sache in Ihnen selbst vor sich geht.

Deshalb: Schauen Sie auf die nächste Seite und stellen Sie sich die Frage: „Was stelle ich mir unter Mentaltraining vor? Was wünsche ich mir vom Mentaltraining? Was tue ich in diesem Bereich bereits erfolgreich?" Mentaltraining ist das, was Sie von Mentaltraining erwarten. Von den hunderten von Kursteilnehmerinnen und Kursteilnehmern der von mir durchgeführten Mentaltrainingkurse habe ich immer die Erwartungen an den Kurs gesammelt. Einige davon finden Sie auf der nächsten Seite.

Mentaltraining: Was sich über 500 Kursteilnehmer wünschten.
Markieren Sie, was für Sie am Mentaltraining wichtig ist.

- Lernen, Gedanken zu kanalisieren
- Bei Prüfungen und Sportanlässen sich auf mich konzentrieren. Bewegung konzentriert nutzen
- Konzentration. Ablenkung reduzieren, Kreativität im Alltag, Konzentration im Zug erlernen
- Konzentration auf das Wesentliche
- Fokussieren, Fokus halten
- Ressourcen, Potential nutzen
- Durchsetzen, schlechte Gedanken abwerfen
- Negatives loslassen, die innere Ruhe finden, runterfahren
- Negative Gedanken in positive verwandeln. Positives Denken. Gedankenstopp
- Gelassenheit, Coolness, aktive Coolness
- Kopf leeren, wenn Gedanken kreisen
- Entspannen, Werkzeuge für Ruhe, Ruhe finden
- Abschalten können, Abschalten in hektischer Umgebung, Abschalten nach Arbeit, Schlafen, Entspannung am Abend
- Energiehaushalt steuern
- Pausen machen
- Selbsterfahrung
- Selbstmotivation bei Lustlosigkeit im Alltag finden
- Unliebsame Verhaltensweisen ändern können
- Abgrenzen
- Positives Denken: Mehr auf Positives fokussieren. Eigene negative Muster besser erkennen. Eigene Gedanken positiv beeinflussen
- Niederlagen in künftige Siege verwandeln
- Gehirnleistung verbessern. Denken anregen. Instruktionen besser memorieren
- Heilungsprozesse initiieren
- Migräne überwinden
- Stress und Nervosität überwinden
- Prioritäten setzen
- Besser leben können im Großraumbüro. Konzentration im Großraumbüro
- Bessere Leistungen
- Visualisieren können, visuelles Denken verbessern
- Umgang mit starken Emotionen erlernen
- Emotionen positiv nutzen
- Selbstbewusstsein stärken
- Bessere Selbststeuerung
- Optimierte Zielsetzung und Zielerreichung. Schneller und besser umsetzen. Positive Zukunftsziele
- Wie langfristige Projekte durchziehen, durchhalten?
- Mentale Fitness bei Abendsitzungen
- Höhenangst, Bühnenangst, Lampenfieber überwinden
- Mentale Verjüngung
- Angenehmes Weitermachen (Leiden verkürzen)
- Geplantes auch in Stresssituationen umsetzen können
- Bessere Präsentationen im Büro
- Vernetzt handeln
- ‚Nein' Sagen können
- Sport, speziell Volley Ball besser spielen
- Den optimalen Aktivierungsgrad für eine Tätigkeit erreichen

Warum Mentaltraining?

Testen Sie selbst, wie die Kraft unseres Geistes unsere Energie beeinflusst.

Die folgende Übung zeigt, wie sich Ihre Gedanken und Denkweise auf Ihre Verfassung auswirken. Wir nutzen dazu den O-Ring Test: Sie werden dabei bemerken, wie kleine Informationsveränderungen einen großen Unterschied in der verfügbaren Energie ausmachen. Wenn der Muskel schwach reagiert, zeigt der Körper dadurch Stress an.

Sie sollten diese Übung mit einer Partnerin oder einem Partner machen. Halten Sie Daumen und Zeigefinger Ihrer rechten Hand, wie in Bild 1 gezeigt, zusammen. Testen Sie dann, wie gut diese Finger halten (Bild 2).

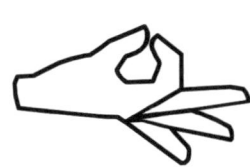
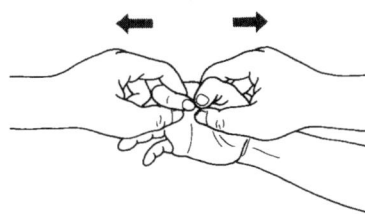

Bild 1 deadalus-institut.de   Bild 2 Praxis Aruna

Während Sie jetzt die beim Zusammenpressen zur Verfügung stehende Energie testen, fokussieren Sie Ihre Aufmerksamkeit zuerst auf die Smiley- und dann auf die Anti-Smiley-Darstellung. Tun Sie das jetzt.

Welchen Unterschied beim Zusammenhalten der Finger stellen Sie fest? Lassen Sie sich davon überraschen, wie stark ein kleiner Informationsunterschied Ihre Energie beeinflusst.

Dieser Test verdeutlicht, welch großen Einfluss unsere Gedanken auf unsere Gesundheit, unser Wohlbefinden, auf unsere Entschlussfähigkeit und Durchhaltevermögen haben, wenn es darauf ankommt.

ZAP-Modell

Mentales Training und mentale Stärkung bedeutet dreierlei:

a) Das Training der mentalen Stärke, d.h. der Aufbau von Fähigkeit, den eigenen Geist sehr zielorientiert und schwungvoll einzusetzen und auch Schwierigkeiten zu überwinden.
b) Die Einflussnahme des eigenen Denkens auf den Körper, auf andere Menschen und die Umwelt zu verbessern.
c) Die Nutzung des Unbewussten für seine eigenen Ziele.

Mentaltraining findet im Rahmen des ZAP-Dreiecks statt:

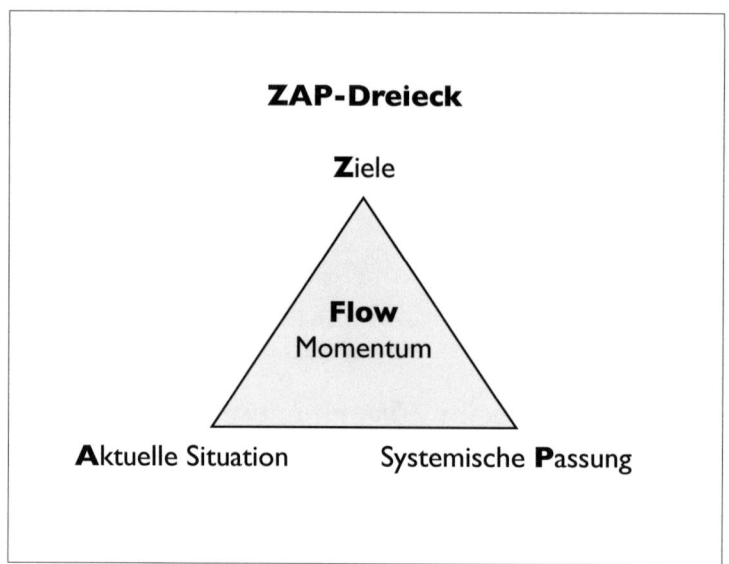

Z steht für Ziele, **A** steht für aktuelle Situation, d.h. was Sie voranbringt oder blockiert, und **P** weist auf die Passung an die Situation hin. Die meisten Übungen in diesem Buch lassen sich der Arbeit an einer Ecke des ZAP-Dreiecks zuordnen. Hier die Beschreibung von ZAP und die Zuordnung der Übungen:

Z: Ziele. Das Gehirn braucht eine klare Vorstellung davon, was es zu tun und zu erreichen hat. Es arbeitet wirkungsvoll, wenn wir gehirngerechte Ziele setzen. Im Mentaltraining wird intensiv an Zielen gearbeitet. Wie setze ich sinnvolle Ziele? Wie soll ich sie visualisieren? Wie oft soll ich an sie denken?

A: Die aktuelle Situation. Nur eine radikal realistische Analyse der aktuellen Leistung, des gegenwärtigen Zustands oder der Trends hilft beim Nachdenken. Es bringt nichts, wenn ich meine, ich könne über 1.90 m springen, obwohl ich momentan nur 1.50 m schaffe. Ebenso gilt es, die inneren Handbremsen zu lösen, die einen im Leben behindern. Falls mein Stressniveau so erhöht ist, dass die Erholung nicht mehr stimmt und dadurch die Leistung abnimmt, braucht es Entspannung.

P: Passung. Ich muss meine Fähigkeiten und meine Leistung den Ansprüchen in meiner Abteilung, meiner Familie, meines Clubs, etc. angleichen. Sonst passt das, was ich mache, nicht. Es ist z.B. nicht sinnvoll einem Dreijährigen ein Karbon-Rennrad zu schenken, obwohl das ein tolles Gerät ist.

Flow und Momentum entstehen, wenn Ziele und der aktuell dafür notwendige Zustand am richtigen Ort zum Einsatz kommen. Im Flowzustand läuft alles wie automatisch und braucht wenig Energie.

Unsere Übungen helfen Ihnen bei Ihren Zielen oder der Bearbeitung Ihrer Situation.

Zuordnung der Übungen zum ZAP-Model

Ziele	Ü 03 Wünsche, Ü 06 Meine Talente, Ü 07 Zielimagination, Ü 08 Zielplan als Kick, Ü 09 Zielkonflikte, Meindeinunser, Ü 20 Aktives Zentrieren, Ü 21 Moment of Excellence, Ü 22 Mein Powerzustand, Ü 23 Sicherer Ort, Ü 25 Automatisch Schreiben, Ü 26 Antwort auf Fragen erhalten, Ü 27 Filmraum, Ü 29 Image Streaming
Aktuelle Situation	Ü 01 Gedanken beeinflussen, Ü 02 Geheimnis-Umschalter, Ü 05 Eigene Ressourcen auflisten, Ü 10 Attraktiver Arbeitsplatz, Ü 13 Augenbewegungen, Ü 14 Lebensrad, Ü 15 TAT, Ü 16 Totale körperliche Entspannung, Ü 17 Lieblingsort, Ü 18 Wo taucht der Gedanke ab?, Ü 19 Daho
Passung	Ü 04 Dilts-Ebenen
Flow	Ü 11 Powerknopf installieren, Ü 24 Checkliste Flow-Zustand

Das ZAP-Modell am Beispiel „Selbstsicherer werden"

Ein Teamleiter möchte selbstsicherer werden. Es fehlt ihm jedoch die Idee, was für ihn Selbstsicherheit sein könnte. Daraus folgt: Es fehlt die Motivation, etwas zu ändern. Hier ist Zielarbeit angesagt (=**Z**). Wo will er hin? Was wird er haben, wenn er selbstsicherer ist?

Die Klärung dieses Zieles allein reicht jedoch nicht. Zuerst müssen die Blockaden weg (aktuelle Situation = **A**), z.B. die Überzeugung, „wenn ich mich entfalte, liebt man mich nicht", ein typisches und überaus erfolgreiches Verhinderungsprogramm, das vielleicht in der Kindheit entstanden war. Mit dieser im tiefsten Inneren verankerten Überzeugung kann der Teamleiter nicht authentisch selbstsicher sein. Er mag denken: „Dieser Gedanke ist ja völliger Unsinn!". Doch sobald er selbstsicher auftreten will, kommt es wiederum zur erfolgreichen Selbstsabotage. Er kann sich noch so sehr immer wieder motivieren und sagen: „Mach es einfach". Der Sog zum Ziel allein reicht nicht, weil die Handbremse nicht gelöst ist.

Glücklicherweise kann das Gehirn befähigt werden, solche Handbremsen sofort und direkt zu verarbeiten. Damit besteht also für die gewünschte Selbstsicherheit eine Chance. Allerdings muss das Sozialsystem (=**P**) auch mitmachen: „Wenn da nur nicht die Familie wäre. Was sagt meine Frau dazu? Wie reagiert die Tochter?" Und, „was hält mein Chef davon?" Erst wenn die neue Rolle angepasst ist, besteht für die neue Selbstsicherheit eine Chance. Wenn also auch die systemische Passung vollzogen wird, ist das Schwungrad in Gang gesetzt, und es läuft nachher wie automatisch.

Essentielle Elemente

Unser Konzept

Warum ein Mentaltraining buchen? Reicht es nicht, Bücher darüber zu lesen?

Ein Buch übers Bergsteigen vermittelt Ihnen zwar einen Eindruck, worum es geht. Aber erst im Klettergarten erlangen Sie unter fachkundiger Anleitung die notwendigen Fähigkeiten, die Sie benötigen, einen Berg erfolgreich und risikolos zu besteigen. Durch das Lesen von Büchern wurde noch nie aus einem mittelprächtigen Bergsteiger ein guter, erfahrener. Genauso verhält es sich mit mentalen Techniken.

Ihr Nutzen

Sie erhalten leicht lernbare, sofort umsetzbare und praxiserprobte mentale Techniken, mit denen Sie Ihre Ziele leichter und schneller erreichen. Dazu brauchen Sie Ihre Gewohnheiten nicht stark zu verändern. Sie können die angebotenen mentalen Werkzeuge durch zahlreiche praktische Übungen sofort in die Tat umsetzen.

Inhalte des mentalen Trainings

Kognitive Fähigkeiten verbessern

Mentaltraining steigert die kognitiven Fähigkeiten, v.a. die Vorstellungskraft. Dafür gibt es z.B. folgende Übungen: Der purpurne Affe, Automatisches Schreiben, innere Filme drehen.

Entspannung und Anspannung einüben

Methoden, welche Erholung, Entspannung, Stressabbau, Gelassenheit und Wohlfühlen erzeugen, verringern das allgemeine Stressniveau im System. Für die Entspannungstechniken und die Meditation sind positive Wirkungen auf die Gesundheit nachgewiesen. Zudem ist die Wirkung von mentalem Training bei Entspannung oder in Selbsthypnose im Vergleich zum Üben im Normalbewusstsein stark erhöht.

Unendliche Potentiale eröffnen

Die Lösung innerer Handbremsen öffnet den Zugang für die unendlichen Möglichkeiten unseres Unbewussten. Gleichzeitig stimuliert das Setzen von konkreten Zielen unser System dergestalt, dass immer mehr Potentiale ausgeschöpft werden. Automatisches Schreiben, Tunnelreise, Wünsche ans Universum sind Methoden, mit denen Sie dieses Potential systematisch anzapfen können.

Motto von Mentaltraining

1. Geben Sie immer Ihr Bestes!

2. Analysieren Sie jede Leistung!

3. Genießen Sie, was Sie tun!

1 Beinhaltet, dass man in jeder Trainingssituation, bei jedem Wettkampf oder bei jeder Arbeit sich darauf konzentrieren soll, eine ausgezeichnete Leistung zu erreichen, die beste, die man im Moment erreichen kann. Lässig Routinetätigkeiten abzuspulen ist Zeitvergeudung und ruiniert die Motivation.

2 Jede Leistung soll daraufhin untersucht werden, was man daraus lernen kann.

3 Die Tätigkeit soll Freude machen. Wer nicht genießt, was er tut, kann seine Leistung nicht verbessern.

Komponenten des Mentaltrainings

Unter den Begriffen Mentales Training, Mentaltraining und Mentalcoaching werden auf dem Markt eine schwer überschaubare Vielfalt von Methoden angeboten, welche, je nach Anbieter, die soziale und emotionale Kompetenz, kognitive Fähigkeiten, die Leistungsfähigkeit, das Selbstbewusstsein, die mentale Stärke oder das Wohlbefinden fördern sollen. Viele Anbieter bezeichnen es als Form des Coachings. Hier konzentrieren wir uns auf ein paar wesentliche Aspekte.

Mentales Training bezeichnete ursprünglich eine Trainingsmethode zur Optimierung sportlicher Bewegungsabläufe in der Sportpsychologie. Es war zuerst ein Vorstellungstraining, d.h. das Durchspielen von Bewegungen und Handlungen in der Vorstellung, ohne gleichzeitig mit dem Körper handeln zu müssen. Heute hilft das Mentaltraining dabei, Blockaden im Bereich des Unbewussten zu lösen, wie auch die unendlichen Potentiale genau dieses Unbewussten anzuzapfen.

1. Von der Sportpsychologie in die Schule und ins Geschäft

Ursprünglich ergänzten Sportpsychologen das körperliche Training durch das geistige Einüben von Bewegungsabläufen. Diesen Vorstellungsübungen wurden im Verlauf der Zeit weitere spezifische Trainingsmethoden hinzugefügt, z.B. das Training der Aufmerksamkeitssteuerung, das Prognosetraining, das Erlernen der Selbstgesprächsregulation und andere Methoden, welche mittlerweile im Sport-Leistungstraining weit verbreitet angewendet werden. In der Sportpsychologie wurden vor allem Methoden aus der Verhaltenstherapie und neuerdings aus der Hypnoseforschung übernommen.
Der schwedische Professor und Hypnoseforscher Lars-Eric Unesthal war an der Olympiade von Montreal 1976 der einzige Mentaltrainer im olympischen Dorf. Seither haben sich die mentalen Trainingsmethoden weltweit rasant verbreitet. 1975 führten die schwedischen Schulen Mentaltrainingsmodule ein. Seit den 1980er Jahren wenden über 50% der größten 100 schwedischen Firmen, das öffentliche Gesundheitswesen, so wie auch die schwedische Psychiatrie mentale Trainingsmethoden an.
nach: Unesthal Vortrag Konferenz Mentale Stärken, Heidelberg 10/2010

1.1. Interview mit Didier Cuche nach seinem Sieg in Kitzbühl vom 22.1.2011

Auf der Streif gibt es immer wieder schwere Stürze. Sie starteten vor 15 Jahren erstmals hier und stürzten nie. Was haben Sie einigen Ihrer Konkurrenten voraus?

Ich nehme die Streckenbesichtigung sehr ernst - vielleicht im Gegensatz zu anderen Athleten. Ich behaupte nicht, den Parcours blind fahren zu können. Aber noch die kleinste Welle präge ich mir ein. Durch dieses exakte Visualisieren der Strecke fühle ich mich sicher.

Bleibt während einer Fahrt Zeit zum Denken?

Ja, aber nicht im Sinn von: Jetzt kommt der Hausberg, Mitte Traverse muss ich dann die Beine leicht anziehen. Die Prozesse laufen intuitiver ab. Ich sehe eine Welle und reagiere dank dem Visualisieren schlicht richtig. Ich hatte während meiner Fahrt allerdings nie das Gefühl, schnell zu sein, ich kann mich auch kaum noch an meine Fahrt erinnern. Ich war wohl in einem Flow-Zustand, in dem ich mit der Piste praktisch verschmelze. Alles kommt dir dann einfach vor. Als ich 2002 in Adelboden den Riesenslalom gewann, fühlte ich mich, als sei ich im Zeitlupenmodus unterwegs. Bei meinem Streif-Sieg war das ähnlich.

Können Sie einen solchen Zustand willentlich initiieren?

Zumindest hilft die Streckenbesichtigung. Ich bin ständig auf der Suche nach diesem Flow-Zustand, diesem wohligen Gefühl, bei dem ich weiß: Es geht alles genau so, wie ich will. Es gibt kein schöneres Gefühl in einem Rennen.

Kann ein Flow auch zur Selbstüberschätzung führen?

Ja, man bewegt sich am Limit - wobei der Grat in unserem Sport zwischen Topfahrt und Sturz ohnehin schmal ist. Entsprechend besteht die Gefahr, dass man sich übernimmt. Ivica Kostelic fühlt sich wohl langsam wie ein Übermensch. Er riskiert, es geht auf. Er riskiert noch mehr, es funktioniert. Ich habe dies einmal beim Einfahren auf dem Rennhang von Alta Badia erlebt: Der Schnee war perfekt, ich unheimlich gut drauf. Also steigerte ich das Risiko - stürzte und verletzte mich an der Hüfte. Das Gute dabei: Ich erwachte sozusagen aus diesem Zustand, war wieder geerdet.

Tagesanzeiger 24.1.2011

2. Mentales Training von Bewegung und Aktion

In der Sportpsychologie ist das wiederholte Sich-Vorstellen eines sportlichen Handlungsablaufes ein wichtiges Element, ohne dabei die Handlung aktiv auszuüben.
Eine Verbesserung des Bewegungsablaufs in der bewussten, intensiven Vorstellung soll eine Verbesserung der späteren tatsächlichen Bewegung bewirken. Die erzielte Wirkung hängt davon ab, wie lebhaft die Vorstellung gelingt, das heißt, wie gut es gelingt, sich in die Bewegung hineinzuversetzen und die inneren Prozesse nachzuempfinden. Für ein wirksames Training ist ein Wechseln zwischen mentalem Training und dem wirklichen Training wichtig, um die Handlung in der Vorstellung immer wieder mit der ausgeführten wirklichen Handlung abzugleichen.

Diese Form des mentalen Trainings wird auch in der Rehabilitation, zum Beispiel nach einem Schlaganfall oder nach dem Einsetzen einer künstlichen Hüfte angewendet.

Natürlich verbreitet sich das mentale Vorspielen oder Imaginieren eines Projekts, eines Verkaufsgesprächs oder einer Schlussprüfung immer weiter. In den letzten Jahren ist auch klar geworden, dass man die Wirkung dieses Trainings vervielfachen kann, wenn man es in einem speziellen Bewusstseinszustand durchführt. Selbsthypnose hilft bei der Erzeugung eines optimalen Lernzustands.

2.1. Beispiel: Mentale Herausforderung im Tennis

„Die Komplexität sportlicher Leistungen auf körperlicher und psychischer Ebene erfordert situativ abgestimmte dynamische Wahrnehmungs-, Beobachtungs-, Koordinations- und Entscheidungsprozesse. Dies wird unmittelbar nachvollziehbar, wenn man sich z. B. einmal vorstellt, welche Voraussetzungen im mentalen Bereich gegeben sein müssen, um in einem Tennismatch einen Return, der mit ca. 200 km pro Stunde ins Feld geschlagen wird, präzise zu retournieren: Der Sportler muss in diesem Fall den Ball vom gegnerischen Aufwurf bis zur Berührung mit dem eigenen Schlägerkopf genau beobachten und fixieren. Die Beobachtung des Balles dient zugleich der bestmöglichen Ansteuerung von hochkomplexen Bewegungen des gesamten Körpers, die das Ziel haben, beim Rückschlag in einer günstigen Schlagposition zum Ball stehen zu können. Diese komplexe sensomotorische Aktivität erfordert in Millisekunden eine Unzahl von Feedback- und Koordinationsprozessen zwischen Wahrnehmungs- und Bewegungssteuerungen. Beim Return muss man die Flugbahn des Balls fokussieren und die Bewegungsbahn des eigenen Schlägers genau ken-

nen. Den Ball muss man mit den Augen fixieren, die Position des Schlägerkopfs hingegen fühlen. Wer während des Aufschlags auf den eigenen Schlägerkopf schaut, um zu wissen, in welchem Winkel zum Körper er sich befindet, kann sich die eigene Returnbewegung ersparen. Komplexe Fokussierungen auf der Ebene der visuellen Wahrnehmung müssen koordiniert werden mit Orientierungen auf der Ebene der Kinästhetik und Motorik.
Mangelhafte Fokussierungen auf der Ebene der Sinnesmodalitäten führen zu mangelhaften Bewegungsabläufen. Der Organismus reagiert schnell, präzise und unmittelbar auf Wahrnehmungsprozesse. Für ihn macht es keinen Unterschied, ob die mentalen Abläufe leistungsoptimierend sind oder nicht." (Bartl (2009), S.427.)

Ablauf des mentalen Bewegungs- oder Konzerttrainings in vier Stufen

Voraussetzung für ein optimales mentales Bewegungstraining ist ein optimierter Zustand des Geistes. Die Gehirntätigkeit beim Training sollte auf das Wesentliche reduziert sein, damit die Trainingseinheiten den maximal möglichen Wirkungsgrad erreichen können.

1. Stufe: Der Bewegungsablauf sollte über möglichst viele Sinnesmodalitäten ins Gedächtnis gerufen werden. Der Athlet wird aufgefordert, seine Vorstellung nachvollziehbar zu beschreiben, d.h. in Worte zu fassen und zu präzisieren. Der Trainer kontrolliert, ob die Bewegungsvorstellung korrekt ist. Auf diese Weise werden Fehler- und Störquellen frühzeitig aufgedeckt. Das Beschreiben kann mündlich oder schriftlich erfolgen.

2. Stufe: Man lernt den vom Trainer „abgesegneten" Bewegungsablauf auswendig und vergegenwärtigt sich diesen im Selbstgespräch. Dazu stellt man sich die einzelnen Phasen und Merkmale der Bewegung vor und spricht sie mit sich selbst durch. Wenn diese Vorstellung problemlos funktioniert, folgt die dritte Stufe.

3. Stufe: Die einzelnen Elemente des Bewegungsablaufes werden systematisiert. Man hebt hierbei die sogenannten „Knotenpunkte" der Bewegung hervor.

4. Stufe: Die Knotenpunkte müssen nun symbolisch markiert werden. Diese Symbole fassen dabei die entsprechenden Handlungsabschnitte/Knotenpunkte in Kurzformeln zusammen und können damit bei der konkreten Bewegungsausführung schnell und problemlos abgerufen werden.

3. Die richtige Erregung: Regulierung des Aktivierungsniveaus

Für jede Person gibt es für jede ihrer Handlungen ein Erregungsniveau, das die optimale Leistung erlaubt. Manchmal wird dieser Zustand auch die „Zone" genannt. Im Mentaltraining wird geübt, diesen idealen psychischen und physischen Erregungszustand zu erreichen. Bei zu starker Entspannung muss mobilisiert werden, damit mehr Energie zur Verfügung steht, bei Übererregung ist Entspannung angesagt. Den meisten Menschen fällt es einfacher, sich für eine Leistung aufzuwärmen als danach wieder zu entspannen. Deshalb werden im Mentaltraining nur selten Methoden zur Anregung, sondern meist zur Entspannung vermittelt. Entspannung oder Selbsthypnose sind auch Voraussetzung für das optimale mentale Training von Bewegungsabläufen.

Projekt Vancouver 2010 mit Simon Ammann

Das Projekt wurde über drei Jahre akribisch verfolgt. Die Forscher fanden einen wissenschaftlichen Ansatz, der bislang einzigartig ist im Sport. Im Kern handelt es sich dabei um eine aufwendige Datensammlung, die etwa durch Pulsmessen oder via EKG erhoben wurde. Und zwar in verschiedenen Situationen: Im Training und im Wettkampf. So ergab sich ein jeweiliges Bild von Ammanns Körper- und Gemütszuständen, und zwar in einer Genauigkeit, wie man es bisher von einem Sportler noch nicht gekannt hat.

Verantwortlich für dieses «Experiment» waren vor allem Gerhard Tröster, Professor an der ETH Zürich, und Hanspeter Gubelmann, Sportpsychologe an der ETH und Betreuer der Schweizer Skispringer seit vielen Jahren.

Ammann wurde also verkabelt über die Schanzen geschickt – auch bei den Sprüngen auf der Großschanze von Vancouver war das so. Mit den ermittelten Daten konnte exakt festgestellt werden, in welchem Zustand er sich zum Beispiel befindet, wenn er sich «in Form fühlt». Man weiß nun, was es heißt, wenn Ammann davon redet, dass er «Gas gibt». Der Selbsteinschätzung des Athleten wurde ein Profil seiner Körperdaten zugeordnet. «Bei Simon war das Muster im Erfolgsfall jeweils absolut eindeutig, das heißt, es gibt exakt ‹sein› Erfolgsmuster», sagt Gubelmann.

Das Erreichen eines optimalen körperlichen und geistigen Zustands vor dem Start gilt in der Sportwissenschaft als maßgeblich für die tatsächliche Leistung, die erbracht wird. Nun galt es, diesen Zustand des «Erfolgsmusters» bewusst herbeizuführen, wenn der Wettkampf beginnt. Das Vorbereitungsprozedere wurde exakt darauf ausgerichtet. Dieses geht von der Bewegung am Morgen des Wettkampfs zur Aktivierung der Muskulatur bis zum Hochsteigen der Treppe zum Absprung. «Simon wollte sein Vorbereitungsprozedere überprüfen und optimieren, und es war die Idee, dieses zu objektivieren», also mit klaren Daten darzustellen.

Tagesanzeiger

4. Wohin geht die Wahrnehmung? Aufmerksamkeit steuern

Wir nehmen 24 Stunden am Tag mit unseren Sinnen und unseren Gedanken wahr. Einige Informationen werden ausgefiltert, andere ganz stark ins Bewusstsein gedrängt. Im Mentaltraining vermittelt man jene Wahrnehmung, die für die jeweilige Tätigkeit optimal ist. Wenn ich schreibe, ist es für mich nicht unmittelbar wichtig zu wissen, wer unten auf der Straße vorbeifährt. Warte ich hingegen auf meinen Kollegen, macht das aufmerksame Verfolgen von Passanten durchaus Sinn. Die „Konzentration aufs Jetzt" hat im Sport und bei anderen Höchstleistungen eine besondere Bedeutung: Hier geht es um die Fertigkeit und Arbeit im Flow, insbesondere die Fähigkeit, die Aufmerksamkeit auf die im Moment zu verrichtende Tätigkeit zu konzentrieren ohne voraus oder zurück zu denken. Dadurch gelangt man in genau diesen Flowzustand.

Aufmerksamkeit richtet man auf ein bestimmtes Objekt, eine Handlung, eine Vorstellung oder Gegebenheit; das heißt, dass man sich darauf **konzentriert**. Richtet man die Aufmerksamkeit hingegen auf mehrere Aspekte, dann heißt das **distribuieren**. Aufmerksamkeit ist also bewusst, gerichtet und eine intensive Wahrnehmung. Bei herausfordernden Tätigkeiten und im Sport ist sie sehr wichtig um situationsangemessen zu handeln. Man muss schnell zwischen den verschiedenen Arten der Aufmerksamkeit hin und her switchen können.

Die 4 Formen der Aufmerksamkeit (gem. Nydeffer)

External-weit: Is dann wichtig, wenn man in eine neue Umgebung kommt und dort gleichzeitig viele Informationen bekommt, z.B. neuer Fussballplatz: Wo ist was?

External-eng: Wird angewendet, wenn es darum geht, etwas genau zu betrachten und ‚ins Auge zu fassen', z.B. den Weg für den nächsten Pass zu fokussieren.

Internal-weit: Ist relevant, damit man sich ein Bild des eigenen Befindens machen kann, ein allgemeines ‚In-sich-Hineinhorchen'. Output = z.B. Ich fühle mich nicht wohl.

Internal-eng: Gilt, wenn ich mich auf einen speziellen Punkt im Körper konzentriere, dieser kann psychisch oder körperlich sein. Output = z.B. Mein Knie schmerzt.

5. Selbstwirksamkeit (Prognosetraining)

Eine realistische Selbsteinschätzung und die Erkenntnis darüber, was man bewirken könnte, sind Voraussetzung für Erfolg. Im Mentaltraining werden vor dem Spiel, Wettkampf oder Projektbeginn unterschiedliche wettbewerbsähnliche Bedingungen simuliert, mit dem Ziel, das Vertrauen in die Leistungsfähigkeit auch unter schwierigen Bedingungen zu stärken.

Taktiktraining im Tennis

Wichtig ist, die eigene Spielstärke richtig einzuschätzen und sich darüber bewusst zu werden, dass die Veränderung der üblichen Taktik zu ungewohnten Spielsituationen führt und somit den eigenen Rhythmus und die Fehleranfälligkeit verändert. Die meisten Strategien erweisen sich als erfolglos, weil sie auf jene Schläge aufgebaut sind, die der Spieler unter Druck nicht anwenden kann. Ein Beispiel: Man hat sich als Taktik vorgenommen, Serve und Volley zu spielen, da man von der Grundlinie keine guten Erfolgsaussichten sieht oder der Return des Gegners eine Schwachstelle darstellt. Nun beherrscht man aber den Volley und den Smash nicht so gut, dass man jeden Return erfolgreich kontern könnte. Auf diese Weise verliert man viele Punkte mit dieser Taktik, hat das Gefühl "heute nicht in Form" zu sein und verliert den Glaube an sich selbst.

Am besten in einer solchen Situation ist, sich zu setzen, das eigene Spiel auf möglichst objektive Art zu analysieren. Man muss sich selbst gegenüber ehrlich sein, sich seine Stärken aber auch Schwächen eingestehen. Normalerweise sollte der eigene Spielplan auf die Stärken aufgebaut werden. Ein guter Spielplan, eine gute Strategie, beinhaltet auch einige auf den Gegner abgestimmte Ziele. Zum Beispiel hat der Gegner Probleme beim Return, wenn man mit Slice aufschlägt. Wichtig ist in diesem Zusammenhang jedoch, die Auswirkungen der eigenen Spielumstellung realistisch einschätzen zu können. Kamen beim Drive-Aufschlag vielleicht 6 von 10 ersten Aufschlägen ins Feld, beherrsche ich den Slice-Aufschlag eventuell nicht so gut und muss damit rechnen, dass meine Quote auf 3 oder 4 absinkt.

6. Gedankenfluss managen

Ich bin KönigIn meiner Gedanken

Auf dieser Stufe hat das Mentaltraining die Aufgabe, sogenannt unnötige Gedanken oder negative Selbstüberzeugungen (dysfunktionale Kognitionen) systematisch durch nützliche (funktionale Kognitionen) zu ersetzen. Unter negativen Selbstüberzeugungen werden hier Selbstgespräche verstanden, welche für das Erreichen eines Zieles hinderlich sind, zum Beispiel Selbstzweifel, Angst vor drohendem Versagen oder Grübeln über die Konsequenzen von Fehlern. Insbesondere ‚ich muss'- oder ‚ich sollte'-Gedanken reduzieren die im Moment verfügbare Energie.

Für das Training von nützlichen Gedanken erarbeitet man individuell Selbstgespräche mit sogenannten Affirmationen oder Suggestionen. Deren Funktion ist es, das Vertrauen in die eigenen Fähigkeiten zu stärken, die Aufmerksamkeit auf das momentane Handeln und die Zielerreichung zu lenken und Strategien der Problemlösung für spezifische Situationen bereit zu halten.

Sorgen zermürben

Wenn wir uns Sorgen machen, dann ist das zu

- 40% über Dinge, die nie geschehen,
- 30% über Geschichten aus der Vergangenheit, die wir nicht ändern können,
- 10% über Nebensächlichkeiten, die unwichtig sind, und
- 12% sind unnötige Sorgen über die Gesundheit.

Damit bleiben nur 8% der gesammelten Sorgen übrig, von denen die Hälfte Themen und Dinge betreffen, an denen man nichts ändern kann. Daraus folgt: Nur 4% der Dinge, über die sich die meisten Menschen Sorgen machen, können geändert werden.

Also: Leben Sie in Ein-Tages-Abschnitten, leben Sie jeden Tag für sich. Schritt um Schritt! Oder nach dem Motto der Indianer: Heute ist ein guter Tag zum Sterben.

(nach Brian Tracy, S.207)

6.1. Optimale Formulierung von Gedanken

Bekräftigungen oder so genannte Affirmationen können Ihnen jederzeit helfen. Sie sind dann besonders effektiv, wenn Sie sie in einem entspannten Bewusstseinszustand einsetzen. Schneidern Sie sich eigene Bekräftigungen nach Maß. Befolgen Sie folgende Anweisungen:

- Wählen Sie immer **positive**, bejahende Formulierungen. Affirmationen streben ausschließlich einen positiven Effekt an, deshalb müssen auch die Inhalte positiv formuliert werden. Beispiele: Ich habe Selbstvertrauen. Ich fühle mich stark. Ich habe gut trainiert.
- Sprechen Sie mit sich innerlich über Ihre Stärken und persönlichen Fähigkeiten, gegründet auf realistischen Voraussetzungen. Positives Denken ist realistisches Denken.
- Bilden Sie kurze Sätze mit höchstens 10 Wörtern (einfach, eingängig, leicht auszusprechen und leicht zu wiederholen).
- Formulieren Sie rhythmisch (ggf. auch lustig / originell)
- Formulieren Sie in der **Gegenwartsform**. Beispiel: Ich bleibe ruhig und gelassen.
- Stellen Sie sich innerlich ein Smiley-Bild vor.
- Lassen Sie die Affirmation durch ständiges Wiederholen zum Ohrwurm werden (Ihr eigener Werbespot für sich selbst).
- **Ichbezug**: Verwenden Sie in Ihren Aussagen das Wort Ich.
- Formulieren Sie Ihre Affirmationen schriftlich auf jeweils ein eigenes Kärtchen oder Zettel. Tragen Sie diese Kärtchen eine Zeit lang mit sich herum und lesen Sie Ihre Sätze immer wieder. (Steter Tropfen höhlt den Stein, Verankerung)
- Symbolgehalt: Affirmationen können auch mit positiven Symbolen operieren. Beispiel: „Ich stehe wie ein Fels."
- Wiederholen Sie die Bekräftigungen vier- bis fünfmal.

Vermeiden Sie:

1. Negative Formulierungen/Selbstbeschimpfungen und ‚ich muss'-Sätze.
2. Formulierungen, die Sie als Reaktion auf eine negative Erfahrung für sich übernommen haben.

Beachten Sie: Positives Denken bedeutet nicht, dass Sie alles erreichen, was Sie sich zum Ziel gesetzt haben. Auch dem positiven Denken sind Grenzen durch die objektiven Leistungsbedingungen gesetzt.

6.2. Liste von unterstützenden Gedanken (positive Selbstgespräche)

Ich bin in ausgezeichneter Form.

Ich bin die Ruhe selbst. Mit jedem Ausatmen nimmt meine Gelassenheit zu.

Ich bin in der Gegenwart. Es freut mich, genau das ... zu sehen hören, spüren...

Das ist Spaß und Entspannung für mich.

Ich liebe diese Tätigkeit.

Ich bin ein Gewinner, und das spornt mich an, mein Bestes zu geben.

Ich bin ein ausgezeichneter ...

Ich vertraue meinen Fähigkeiten.

Ich besitze die Fertigkeiten, die ich für die optimale Leistung brauche.

Je höher der Druck, desto konzentrierter bin ich.

Ich steuere auf mein langfristiges Ziel zu.

Bei schwierigen Aufgaben bringe ich eine optimale Leistung.

Ich fühle mich mental stark.

Ich behalte während ... meine positive Einstellung.

Ich kann mich jeder Situation anpassen.

Ich bin im Fluss.

Ich denke und spreche positive Gedanken, wenn ich ...

Ich bin voller Selbstvertrauen und Freude.

Ich fühle mich wie damals, als ich gewonnen habe!

Ich bin nicht Favorit – ich kann nur gewinnen – und genau das ist mein Vorteil!

Ich kann diese Tätigkeit ausüben, erlernen.

X fällt mir leicht. Es ist leicht, (Gebiet nennen) zu lernen.

Ich zeige neue Fähigkeiten.

Mein Geist arbeitet rasch und effektiv.

Inspiration zu S.22 und 23 kommt z.T. von Antje Heimsoeth
http://www.business-mentaltrainer.eu/Profil_Antje_Heimsoeth.html

6.3. Wie kann ich optimistischer denken?

Durch positive Erlebnisse
Der effektivste Weg, um Zuversicht zu erlangen, ist positive Erfahrung. Wer erlebt, dass er Situationen meistert, denen er sich zuvor ausgeliefert fühlte, widerlegt damit seine eigenen pessimistischen Überzeugungen und kann fortan mit dem Gefühl einer größeren Selbstwirksamkeit an eine Herausforderung herangehen. Deshalb sofort handeln und in kleinen Schritten von Erfolg zu Erfolg eilen.

Durch Modelllernen
Die Orientierung an einem Vorbild ist einer der wichtigsten Wege, um sich neue Verhaltensweisen anzueignen. Durch Beobachtung eines Anderen lernt man nicht nur das richtige Vorgehen kennen. Die Leistung des Anderen kann vielmehr einen Anhaltspunkt dafür geben, wie man selbst abschneiden würde. Das gibt die Chance, zu erkennen: „Was der kann, kann ich auch!"

Durch verbale Überzeugung
Verbale Überzeugung ist die meistbenutzte Strategie, Menschen zu mehr Selbstvertrauen und Zuversicht zu verhelfen. Sie lässt sich in zwei Gruppen unterteilen: Positives Feedback einerseits und das Hinterfragen und Verändern negativer Denkmuster andererseits

A) **Positives Feedback** Durch Lob steigen die Selbstwirksamkeitserwartungen und Kontrollüberzeugungen. Allerdings kann Lob für Leistungen, die keine echte Herausforderung darstellen, kontraproduktiv wirken. Zudem kann sich Lob, welches sich auf nicht veränderbare Eigenschaften bezieht („Du bist intelligent!") statt auf beeinflussbare, situative („Du hast sehr fleißig gelernt"), bei späteren Misserfolgen negativ auswirken.

B) **Disputation:** Durch gezieltes, teils provokatives Nachfragen eine Person dazu bringen, die eigenen Annahmen auf den Prüfstand zu stellen, als nicht der Realität entsprechend zu entlarven und durch alternative Gedanken zu ersetzen.

Durch vorgestellte Erlebnisse
Auch das Imaginieren von Handlungsweisen und Ereignissen kann helfen. Wer sich positive Verläufe vorstellt, kann damit negative Vorstellungen ersetzen, kann Pfade zum Erreichen von Zielen mental einüben. Schon die Fähigkeit, sich überhaupt mehrere Wege der Zielerreichung ausmalen zu können, kann Hoffnung machen.

Durch das Erleben körperlicher und emotionaler Zustände
Die Befürchtung, dass eine bevorstehende Aufgabe missrät, geht oft mit Gefühlen wie Angst und Nervosität einher. Daher können sich Methoden, die starke positive Gefühle hervorrufen, günstig auf die Zuversicht auswirken.

Quelle: Ausgewählt und zusammengestellt aus: Astrid Schütz und Lasse Hoge: Positives Denken. Vorteile, Risiken, Alternativen. Stuttgart 2007, S. 146-149, Copyright W. Kohlhammer.

Ü 01 Gedanken beeinflussen

ICH BIN KÖNIG/IN ÜBER MEINE GEDANKEN!

Wiederholen Sie diesen Satz und meditieren Sie darüber.

„Ich habe die Macht, alles zu verändern, weil ich der einzige Mensch bin, der meine Gedanken auswählt und meine Gefühle wahrnimmt." (Beckwith, in Byrne, the secret, S. 53)

Gleich und Gleich gesellt sich gern: Das Gesetz der Anziehung. Es besagt, dass ich das, woran ich denke, anziehe. D.h. wenn ich mich innerlich ärgere und entsprechend ärgerliche Gedanken habe, erlebe ich Ärger.

Achten Sie täglich 3-10 Minuten lang auf das, was Sie denken.

Wenn Sie nicht so ‚gut drauf' sind, wie Sie es wünschen, dann konzentrieren Sie sich darauf, Ihre Gefühle im Inneren zu fühlen, und bewusst ins Optimistischere zu lenken.

Schließen Sie die Augen, besinnen Sie sich Ihrer inneren Gefühle und lächeln Sie eine Minute lang dazu.

Ü 02 GEHEIMNIS-UMSCHALTER

Wir machen eine Liste mit einigen Geheimnis-Umschaltern:

Geheimnis-Umschalter: Das sind Dinge, mit denen man im Handumdrehen die Gefühle verändern kann, z.B. sehr schöne Erinnerungen, Gedanken an lustige Erlebnisse, an die wunderbare Natur oder liebe Menschen. Notieren Sie einige dieser Erlebnisse oder Dinge in der Liste unten.

Wenn Sie verärgert oder frustriert sind, dann wenden Sie sich an die Liste und denken Sie an einen Geheimnis-Umschalter.

Ü 03 Fibo-Bild: Ich kann es!

Nach dem Mathematiker Leonardo da Pisa, auch Fibonacci genannt (um 1180), hat jedes Objekt, jeder Gegenstand, jedes Gefühl in der Natur eine bestimmte Ordnung. Auch unser Körper ist diesen Gesetzmäßigkeiten unterstellt. Es gibt aber immer Momente im Leben, wo die Dinge aus dem Gleichgewicht geraten.

Um wieder ‚in Ordnung' zu kommen, hat Jürgen Lux Fibonacci-Gitter entwickelt, die man kopieren ausmalen, ausschneiden und auf den Schreibtisch legen kann.

Durch das Ausmalen und Betrachten dieses sehr geordneten Gitters werden Sie ab sofort mehr Selbstvertrauen erlangen. Sie ordnen so Ihr Inneres, das Chaos verschwindet und Sie fühlen sich wohl.

Nehmen Sie Farbstifte und malen Sie dieses Bild aus:

1 Rot 2 Gelb 3 Grün
4 Orange 5 Hellblau 6 Dunkelgrün
7 Lila 8 Dunkelblau 9 Braun

Denke Sie dabei: „Ich kann alles lernen, was ich will! Ich schaffe das! Es macht mir großen Spaß zu lernen!"

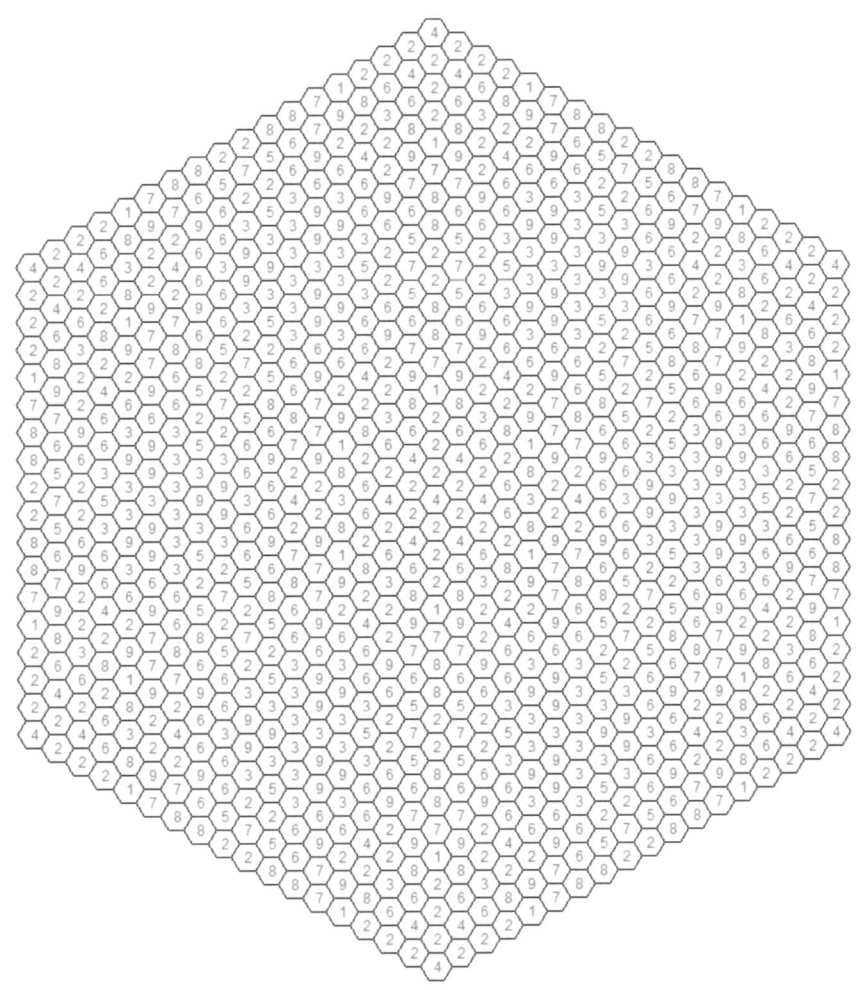

7. Mentaltraining für ein gesundes Leben

Neuerdings kommt der Begriff „mentales Training" auch in der Psychologie zum Einsatz, etwa bei körperlichen Erkrankungen, die stark von der Psyche mit beeinflusst sind. Für Menschen mit körperlichen Erkrankungen, wie zum Beispiel Krebs, Bluthochdruck oder chronischen Schmerzen, ist es oft schwer nachvollziehbar, warum es für sie sinnvoll sein könnte, sich psychotherapeutisch behandeln zu lassen. Akzeptabler sind diese Methoden, wenn sie unter dem Titel „mentales Training" angeboten werden, weil der Begriff im Gegensatz zur Psychotherapie im Deutschen nicht mit psychischer Erkrankung assoziiert ist.

Die oft synonym verwendeten Begriffe „Mentales Training", „Mentaltraining" und „Mentalcoaching" stehen für sehr unterschiedliche Methoden und werden in Form von Büchern, CDs, Workshops, Fortbildungen und Beratungen angeboten. Das Versprechen starker positiver psychischer Wirkungen macht die Angebote auch für viele Menschen attraktiv, welche eigentlich eine Psychotherapie bräuchten, aber eine Stigmatisierung als psychisch krank fürchten. Mentaltrainer bieten auch Coachings für ganz andere Bereiche an, z.B. zur Persönlichkeitsstärkung, zur Kreativität oder fürs Schnelllesen.

Der Begriff „Mentaltraining" ist nicht gesetzlich geschützt und wird daher von Anbietern in ganz unterschiedlicher Bedeutung verwendet. Das trifft auch auf die Bezeichnung „Mentaltrainer" zu, jeder darf sich so nennen.

Aus der Psychotherapie ins Mentaltraining übernommene Methoden sind z.B.:

- Methoden der Verhaltenstherapie, wie sie auch von der Sportpsychologie adaptiert wurden.
- Imaginative und suggestive Methoden, wie sie in verschiedenen Psychotherapierichtungen angewendet werden. Zum Beispiel: Klartraum, Imagination, Katathymes Bilderleben, Suggestion, Autosuggestion, Hypnose und Tranceübungen.
- Neuro-Linguistisches Programmieren (kurz NLP) erscheint häufig in den Angeboten, wobei NLP selbst eine Methodensammlung ist, in welcher gesprächs-, verhaltens-, hypnose- und körperorientierte Psychotherapieansätze zusammengeführt wurden.

Ü 04 Dilts-Ebenen

Damit wir ein Verhalten nachhaltig wiederholen können, muss es in verschiedensten Modalitäten verankert sein.

Ich muss es an einem bestimmten Ort zu einem genauen Zeitpunkt mit den richtigen Personen machen. Selbstverständlich brauche ich die Fähigkeit das zu tun, ebenso wie die Überzeugung, dass ich es irgendwie schaffen werde. Es muss mir zudem wichtig sein und zu meiner Rolle oder Identität passen. Zudem sollte es in meinem Lebenslauf wichtig sein.

Zugehörigkeit	Wozu trage ich bei? Welche Vision steckt hinter dem Ziel?	
	Mit wem fühle ich mich da verbunden? Welche Funktion hat es auf meinem Lebensweg?	
Identität	Wer bin ich, wenn ich das tue?	
Werte	Was motiviert mich, treibt mich an? Warum tue ich es? Was ist mir da wichtig?	
Glaubenssätze (Beliefs), Selbstzuschreibungen	Welche Einstellungen habe ich da der Sache, anderen, mir gegenüber?	
	Wie denke ich da über mich, über diese Tätigkeit?	
Fähigkeiten	Was kann ich? Wie geht es?	
Verhalten	Was tue ich da?	
	Wie verhalte ich mich?	
	Was könnte jemand von außen an mir beobachten?	
Kontext, Umgebung	Wo? Wann? Mit wem?	

8. Positives Denken

Es gilt längst als erwiesen, dass das, was wir wahrnehmen und erleben, von uns selbst mitgeprägt ist. Wenn z.B. Lehrer denken, eine Klasse sei besonders gut und begabt und ihr Job sei es, diese Begabung voll zu fördern, haben diese vermeintlich leistungsstärkeren Schüler innerhalb eines Jahres markant bessere schulische Ergebnisse als jene, die bei gleicher Ausgangslage als vermeintlich schlechter bezeichnet wurden (Hölscher S. 25).Die Erkenntnis, dass wir durch unser Denken die sogenannten Außenrealität beeinflussen, wird im mentalen Training sehr intensiv benutzt, oft unter dem Titel des sogenannten „Positiven Denkens". Der Begriff des „Positiven Denkens" bezieht sich im Mentaltraining auf zwei verschiedene Themen:

1. Positives Denken als optimistische Grundhaltung

2. Positive Formulierung für Ziele, Visualisierungen, Wünsche

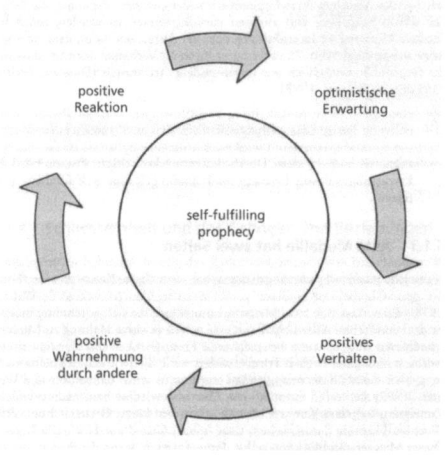

Quelle: Schütz/Hoge, S.107-108

„Die eigene Erwartungshaltung beeinflusst, wie wir eine Person wahrnehmen. Positive Einstellungen äußern sich in entsprechendem Verhalten eines Menschen und wird auch vom Gegenüber als solche wahrgenommen und erwidert. Durch diesen wechselseitigen Prozess wird die Erwartungshaltung bestätigt und damit gefestigt (self-fulfillling prophecy)."

Optimistische, wertschätzende Grundhaltung

S.Saha hat auf den Philippinen eine interessante Studie durchgeführt. Über 1.5 Jahre hinweg besuchte er zwei Dörfer. Im ersten Dorf diskutierte er mit den Dorfvorstehern über deren Bedürfnisse und Probleme, im zweiten unterhielt er sich mit Männern, Frauen, Kindern und Jugendlichen über all jene Dinge, die wirklich gut liefen. Innerhalb von 18 Monaten waren im ersten Dorf die Politiker nach vielen Diskussionen über Probleme heillos zerstritten, während im zweiten Dorf Jugendliche und Erwachsene zusammen Feste organisierten und Dorfversammlungen abhielten. Die Auseinandersetzung mit den eigenen Stärken führte zu Selbstvertrauen und Dynamik, während die Aufmerksamkeit für Probleme weitere Probleme hervorrief. (Saha 2008).

Denn: **Energy flows, where the attention goes. (Die Energie fließt da hin, wo die Aufmerksamkeit hingeht)**.

Optimismus ist die Erwartung eines guten Ausgangs der Dinge. Man glaubt, die Situationen in einem hohen Maß unter Kontrolle zu haben. Optimisten erklären sich Schlechtes häufig nicht mit eigenem Versagen und gehen davon aus, dass es nicht lange andauert. Positive Ereignisse schreiben sie dagegen eher sich selbst zu. Sagt jemand nach einer missglückten Prüfung „Ich hatte einen schlechten Tag", bewertet er den Ausgang optimistischer (sowie den Selbstwert schonender) als jemand, der sich sagt: „Ich bin dumm".
Optimisten haben sich als psychisch robuster erwiesen als Menschen, die häufiger schwarz sehen. Es gibt Hinweise darauf, dass Optimisten besser mit Rückschlägen umgehen können, beharrlicher und auch beliebter sind. Zudem legen Studien nahe, dass Optimisten eine schlagkräftigere Immunabwehr haben und gelassener auf Stress reagieren. Selbst auf das Herz-Kreislauf-System scheint Optimismus positive Auswirkungen zu haben. Das Erstaunlichste ist: „Vorteilhaft ist nicht nur ein objektiv begründeter Optimismus, sondern sogar ein leicht illusionärer", erklärt Schütz. Wer eine übertriebene Sicht seiner Möglichkeiten hat, d.h., wer sich ehrlich selbst überschätzt, strebt mehr an als das, was er eigentlich erreichen kann. „Und genau das hilft, das Mögliche zu erreichen." Beispiel: Frauen denken in Gehaltsverhandlungen oft: „So viel Geld ist meine Arbeit doch gar nicht wert." Männer dagegen legen meist deutlich mehr illusorischen Optimismus an den Tag – und kommen damit weiter.

Ü 05 Eigene Ressourcen

Nehmen Sie ein Heft, ein leeres Tagebuch oder einen schönen Schreibblock und denken Sie über Ihre Erfolge in den letzten Wochen nach. Schreiben Sie künftig am besten täglich oder mindestens einmal wöchentlich die kleinen und großen Erfolgserlebnisse im Berufs- und Privatleben auf, damit keiner Ihrer Erfolge verloren geht bzw. in Vergessenheit gerät.

Was habe ich heute / bisher gut gemacht, was ist mir gut gelungen, wofür kann ich mir auf die Schulter klopfen, was war ein Schritt nach vorne?

....

Was habe ich alles geschafft? Wie vielen Menschen habe ich geholfen? Was habe ich bisher geleistet?

....

Was hat mir Spaß gemacht?

....

Was habe ich dazugelernt?

....

Welche Probleme habe ich gelöst?

....

Was sind meine positiven Seiten? Wo habe ich meine Stärken? Was können andere nicht so gut wie ich? Was spricht für meine Kompetenz?

....

Worauf kann ich stolz sein?

....

Wann ist es mir gelungen, mich deutlich abzugrenzen und meine Sache durchzuziehen?

....

Quelle: Antje Heimsoeth. Golf Mental: Pocket Training. Pietsch. 2012

Ü 06 Meine Talente

Finden Sie mindestens 15 positive Eigenschaften.

Erfassen Sie nun Ihre Stärken, Kompetenzen und Ressourcen in einer Tabelle.

Rufen Sie sich dann zu jeder der Stärken mindestens eine Situation aus der jüngsten Vergangenheit in Erinnerung, in der Sie die Stärke intensiv oder besonders schön erlebt und gespürt haben. Notieren Sie die Situation, die inneren Bilder und Gefühle dazu.

Skalierung: Zu wie viel Prozent leben Sie in der letzten Zeit Ihre Stärke X? Was wäre Ihr Wunsch-Wert?
Ist-Wert (von 0 bis 100):
Wunsch-Wert (von 0 bis 100):

Sie können sich auch an eine besonders schöne Situation in Ihrer jüngsten Vergangenheit oder an den größten Erfolg erinnern und dann überlegen, welche Fähigkeiten und Fertigkeiten Sie in dieser Situation eingesetzt haben, die zum Erreichen des größten Erfolgs nötig waren.

Jede Fähigkeit tragen Sie in die Tabelle ein. Lassen Sie sich von anfänglichen Schwierigkeiten beim Entdecken der Stärken und Ressourcen nicht abhalten. Diese Aufgabe motiviert Sie und steigert Ihr Selbstwertgefühl. Mit jeder Entdeckungsreise zu Ihren Fähigkeiten wird es Ihnen leichter fallen und besser gefallen.

Wichtig: Schreiben Sie Ihre eigenen Fähigkeiten und Kriterien spezifisch dazu. Nur so kann Ihr Gehirn begreifen, was Sie meinen, wenn Sie sich z.B. als „zuverlässig" beschreiben.
Schreiben Sie Ihre Stärken zusätzlich auf Karten und nehmen Sie diese „Schätze" als Anker mit zum Sport, in ein wichtiges Meeting, eine Präsentation …

Zum Teil nach: Antje Heimsoeth. Golf Mental. Pocket Training. pietsch

9. Ziele = Voraussetzung für mentale Kraft

Ziele sind das Elixier des Erfolges. „Was möchten Sie erreichen? Wie merken Sie, wann Sie das Ziel erreicht haben?"

Sich ein Ziel zu setzen, ist wie ein Hochleistungstraining, ein Kick fürs Gehirn. Denn, wenn wir erfolgreich an einem Ziel angekommen sind, versetzt uns dieses Erlebnis in einen äußerst positiven Zustand: Sehr treffend charakterisieren wir ihn mit den Äußerungen: "Ich könnte die ganze Welt umarmen" oder "Bäume ausreißen". Deshalb löst die Vorstellung, so etwas Tolles demnächst erreichen zu können, bereits eine Vorfreude aus.

Interessanterweise ruft das reine Denken an ein Ziel bereits bestimmte Körperreaktionen hervor, die das Gehirn in die Lage versetzen, dem Ziel entgegenstehende Probleme zu lösen. Und diese Reaktionen treten umso verstärkter auf, je intensiver sich jemand in das Ziel hineinversetzt. Denn psychische Zustände stehen in enger Verbindung mit dem Stoffwechsel des Gehirns und dem körperlichen Erleben. Zur Reizleitung zwischen den Gehirnzellen sind bestimmte im Körper produzierte chemische Transmitterstoffe erforderlich. Ihre jeweilige Zusammensetzung entscheidet über die momentane Denkfähigkeit des Menschen.

Die intensive Auseinandersetzung mit unseren Zielen setzt in unserem Gehirn Drogen frei, die für die Erreichung dieses Zieles äußerst hilfreich sind, besonders dann, wenn wir bei der Zielformulierung die Kriterien der Wohlgeformtheit beachten. Wissenschaftliche Studien beweisen, dass das Setzen von spezifischen Zielen die Zielerreichungswahrscheinlichkeit von 5% auf 70% steigert.

Das Setzen von SMARTen Zielen führt zu einer Koordination der Energien in Körper und Geist.

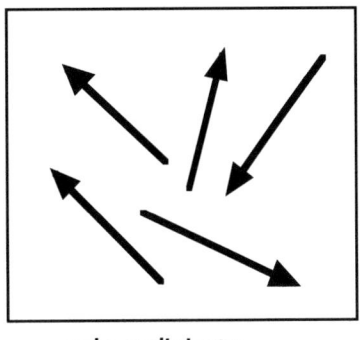
unkoordinierte Energien

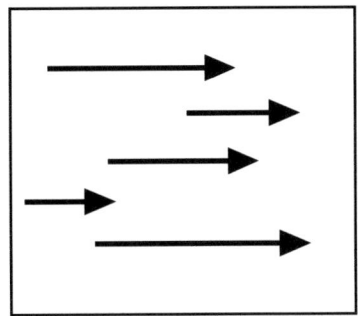
durch Ziele gebündelte Energien

Ziele bringen Richtung und Energie in unser Leben. Dies scheint jedem und allen klar zu sein, trotzdem sind wir täglich mit dem problemorientierten Denken konfrontiert.

Wenn ich an meinen Kursen den Workshopteil unter dem Titel ‚Ziele' eröffne, macht sich bei den TeilnehmerInnen oft ein gewisser Widerwille breit. „Was, schon wieder dieses Thema!" „Das kennen wir doch schon längst." „Unser Betrieb macht das schon mit den Jahreszielen!"

Spätestens seit der Niederschrift des Johannes Evangelium vor beinahe 2000 Jahren wissen wir von der mobilisierenden Energie von Visionen. Die Idee von einem tausendjährigen Reich reichte zur Rechtfertigung von Kreuzzügen, sozialen Bewegungen und der Gründung von religiösen Kulten. Oder die Idee der klassenlosen Gesellschaft energetisierte an vielen Orten der Welt revolutionäre Zellen, die der Gesellschaft ihren Stempel aufdrücken wollten.

Auch im Business und in Verwaltungen ist das Führen mit Zielen seit den 1960er Jahren eine unbestrittene Methode. Wozu soll man heute noch darüber reden? Es gibt kaum eine Organisation, die sich nicht mit dem Führen mit Zielen auseinandergesetzt hat.

Doch: Trotz ständig steigender Bedeutung gelingt die Umsetzung in der Praxis häufig mehr schlecht als recht. In den meisten Betrieben und Organisationen führt man zwar mit Zielen, doch meist bleiben diese Ziele hölzern und unattraktiv.

Ü 07 Ziel-Imagination

1. Denken Sie an ein mittelwichtiges Alltagsziel, für das Sie eigentlich etwas tun müssten – es aber nicht machen, z.B. ein Buch lesen. Dabei sollten Sie das erwünschte Verhalten schon im Repertoire haben, Sie können z.B. lesen.

2. Was passiert, wenn Sie es weiterhin nicht tun? Negative Konsequenzen:

3. Und wofür lohnt es sich, dieses Sache zu tun/diesen Zustand zu erreichen? Ziel:

4. Angenommen, Sie hätten diesen Zustand schon erreicht. Was genau nehmen Sie dann mit Ihren fünf Sinnen wahr?

Sehen ...
Hören ...
Fühlen ....
Riechen ....
Schmecken ...

Welche dieser Sinnesempfindungen lösen oder löst die intensivste Vorfreude in Ihnen aus?

Was können Sie selbst in den nächsten fünf Tagen konkret tun, um dieser positiven Zielvorstellung näher zu kommen?

a. ...

b. ...

c. ...

Hinweise:
- Es ist nicht unbedingt erforderlich, in allen fünf Sinneskanälen eine Vorstellung zu entwickeln. Oft reichen drei.
- Besorgen Sie sich Erinnerungsanker für Ihr Ziel.
- Spüren Sie in den nächsten Tagen Ihre negativen Wörter zu diesem Thema auf und ersetzen Sie diese systematisch.

9.1. SMARTE Ziele

Wie gehe ich vor, wenn ich für mich Ziele setzen möchte? Leitfaden für das Setzen erreichbarer Ziele.

Der wichtigste Punkt voraus: Wer sich ein Ziel setzt, muss **sich auf das Wesentliche konzentrieren**. Das tönt einfach und funktioniert. Beachten Sie beim Formulieren SMART-Kriterien.

S.M.A.R.T.E Ziele

S = Sinnesspezifisch

S = Selbstkontrollierbar, selbst initiierbar

S = Simpel

M = Messbar

A = als ob jetzt (in Gegenwartsform)

A = Allgemeinverträglich

R = Realistisch

T = Total positiv

Ü 08 Kick: Systematisches Zielplanen

30 Jahre Erfahrung mit dem Management mit Zielen zeigt: Der Umgang mit Zielen muss erlernt werden.

Einige der Zielformulierungsinstrumente, etwa für Projekte, erscheinen auf den ersten Blick als Papiertiger. Erst eine intensive Beschäftigung damit eröffnet den Zugang zur Energie, die darin steckt. Viele Projektplaner raufen sich die Haare, wenn sie von Verfahren wie Logframe hören. Logframe ist eine Tabelle, in welcher Projektziele, aufgeteilt in Haupt- und Unterziele aufgelistet werden. Zu jedem Ziel wird ein Set von Tätigkeiten erfasst, die zur Erreichung dieses Ziels führen sollen. Zudem ist jedes Ziel durch Indikatoren ergänzt. Wie wissen wir, dass wir das Ziel erreicht haben und wie und wo können wir das überprüfen? Wie langweilig, mögen Sie nun denken!

In zwei Städten Vietnams haben 5000 Menschen aus armen Quartieren diese Methode für die Planung ihrer kleinen Selbsthilfeprojekte erlernt. Entgegen der Annahme von Experten war das Erlernen der Methode für die Bevölkerung keineswegs zu schwierig. Im Gegenteil, sie war begeistert, und selbst die kommunistische Partei wollte, dass ihre Kader so planen lernten.

Wir wenden die Logframe Tabelle für einige unserer Coachings an, dann wenn es sich nicht um sehr spezifische, sehr schnell lösbare Anliegen wie etwa Flugangst handelt.

Zur Selbstanwendung dieses Zielplans finden Sie ein leeres Formular auf S.88.

Bsp. Eines Logframes (Formular am Ende des Buches)

Logframe eines Coachings

Anliegen: Den Umgang mit Stresssituationen verbessern			
Wichtigstes Ziel Mehr Glück im Leben	**Überprüfbare Indikatoren** Ich stehe am Morgen zufrieden auf	**Informationsquellen** Selbstreflexion	**Risiken und Annahmen** Nabelschau, Gefahr Egoismus
Coachingziele Mann mehr zuhause Kinder, v.a. ältester Sohn, besser in der Schule Mein Kunstbusiness: Mehr Erfolg und Anerkennung	**Überprüfbare Indikatoren** Mann 4 Abende pro Woche zuhause, Kinder um 0.5 Notenpunkte besser in Schule zwei Ausstellungen meiner Bilder pro Jahr	**Informationsquellen** Gespräche mit Mann Zeugnisse, Lehrergespräche Einladungen der Galerien, Propaganda in Zeitungen, Radio, Blogs	**Risiken und Annahmen** Sohn hat notwendiges Intelligenzniveau
Resultate Gespräch mit Mann Erste Ferien zu zweit seit 15 Jahren Brief an 35 Galerien mit Fotos meiner Bilder	**Überprüfbare Indikatoren**	**Informationsquellen**	**Risiken und Annahmen**
Coaching-Tätigkeiten Dauer: 9 Sessions Interventionen: Coaching Dreieck Handbremsen lösen Ziele stärken Rollen klären, Systemische Passung erreichen	**Überprüfbare Indikatoren**	**Informationsquellen**	**Risiken und Annahmen**

Ü 09 Zielkonflikte

Meindeinunser die Zielkombination

Konflikte drehen sich oft um sich widersprechende Ziele. Zum eigenen Standpunkt kommt der des Partners oder der anderen Konfliktpartei. Zur Lösung brauchen Sie noch einen weiteren Standpunkt, der die Anliegen beider Seiten unter einen Hut bringt. Schlüpfen Sie zur Suche nach diesem gemeinsamen Nenner aus sich selbst heraus, und sehen Sie sich beide Standpunkte von außen an. Sind sie weit auseinander? Überlappen sie sich? Was haben beide gemeinsam? Lernen Sie mit der folgenden Übung, wie die Zielkombination funktioniert: Wählen Sie zuerst ein Erlebnis aus, ein berufliches oder privates, das nicht so gut ausging, wie Sie es gerne gehabt hätten - eines, bei dem weder Sie noch Ihr Partner Ihre Ziele erreicht hatten.

Schreiben Sie Ihr Ziel unter „Mein Ziel" des Zielkombinationsblatts (siehe nächste Seite). Schreiben Sie dann das Ziel der anderen Person in Spalte 2. Lassen Sie Ihre Phantasie spielen, falls Sie sich nicht sicher sind, was die andere Person zum Ziel hatte. Beschreiben Sie die beiden Ziele mit sinnesspezifischen Begriffen. Schreiben Sie auf, was Sie sehen würden, wenn Sie Ihr Ziel erreicht hätten. Was würden Sie hören, was fühlen? Schreiben Sie jetzt auf, was Ihr Partner sehen, hören, fühlen, riechen, schmecken würde nachdem er sein Ziel erreicht hätte. Lassen Sie Ihrer Phantasie und Intuition freien Lauf, wenn Sie es nicht genau wissen. Können Sie, wenn Sie alle freien Stellen auf dem Blatt 'Zielkombination praktisch' ausgefüllt haben, ein Ergebnis kombinieren, um Ihre beiden Bedürfnisse zu befriedigen? Seien Sie kreativ und flexibel bei Ihren Lösungen

Diese Übung kann man auch mit einer anderen befreundeten Person machen, die dann Ihren Partner spielen kann. Eine solche befreundete Person kann Ihnen zu neuen Einsichten und alternativen Lösungen verhelfen. Einige Leute entdecken während der Übung, dass ihre Ziele und die ihrer ursprünglichen Kommunikationspartner identisch waren, dass ihr Gespräch jedoch so dürftig war, dass sie diese Gleichheit ihrer Ziele nicht erkannten.

Die Zielkombination praktisch

Mein Ziel	Dein/sein/ihr Ziel
Sehen	Sehen
Hören	Hören
Fühlen	Fühlen
Zielkombination	

1. Schreiben Sie Ihr Ziel in Spalte 1.
2. Schreiben Sie das Ziel der anderen Person in Spalte 2.
3. Beschreiben Sie unter den Titeln MEIN ZIEL und DEIN/SEIN/IHR ZIEL die Ziele mit sinnesspezifischen Begriffen. Was würden Sie und Ihr(e) PartnerIn sehen, hören und fühlen, wenn Sie Ihre Ziele erreicht hätten?
4. Denken Sie sich jetzt eine kreative Methode aus, mit der Sie die beiden Ziele erreichen können.
5. Schreiben Sie das kombinierte Ziel in die letzte Zeile.

Nach Laborde, S.47 ff.

10. Anker: Die Selbstprogrammierung in der Tasche

Die Nutzung von Ankern ist eine der am meisten unterschätzte Methoden im Mentaltraining. Das Potential im Beruf, bei Hochleistung oder in Beziehungen ist schier unermesslich.

Was sind Anker, und warum ist deren Verständnis so wichtig?

Anker = Reiz, der eine bestimmte Reaktion hervorruft

Natürliche Anker sind z.B. Töne, Berührungen, Gerüche, Farben, die uns in eine bestimmte Stimmung versetzen, Musik, die uns aktiviert oder beruhigt oder ein Geruch, der uns an ein bestimmtes Ereignis erinnert.

Beispiel: Werbung verführt mit Bildern, ruft positive Gefühle hervor. Ziel ist, diese Anker möglichst oft zu setzen. Das Gehirn verbindet so die einzelnen Elemente als Einheit: unbewusst verschmelzen der Slogan, das Logo, die Stimmen, die Musik und das Gefühl miteinander. Das Logo aktiviert beim Kaufen die gesamte Einheit von Sehen, Hören und Fühlen innerlich. Das Logo des Produktes wirkt als Anker, der zu einem positiven Gefühl führt: der Kunde kauft.

Anker im Mentaltraining nutzen

(1) Natürliche **Anker studieren**: Was lenkt uns automatisch und meist unbewusst die ganze Zeit in die eine oder die andere Richtung? Z.B. was genau löst die schlechte Stimmung aus, wenn ich mit diesen Menschen zusammen bin? Was genau sehe, höre, spüre, rieche, schmecke ich, wenn mich dieses Gefühl befällt?

(2) **Anker löschen.** Beispiele: Kopfschmerzen bei lauten männlichen Stimmen. Umwandlung oder Löschung kann diese Automatik unterbrechen. Der Anker (die laute männliche Stimme) hat dann für das weitere Leben andere Auswirkungen als Kopfschmerzen auszulösen.

(3) **Anker bewusst setzen**: Gewünschtes Verhalten wird mit einem bestimmten sinnlichen Reiz verknüpft. Visuelle Anker: Gesten, ein Blick, das Foto aus dem Urlaub, das Logo eines Produktes, ein Platz in der Wohnung. Auditive Anker: Musikstücke, Stimmen, Zitate, Räuspern oder Worte. Kinästhetische Anker sind z.B. Berührungen durch andere oder wenn wir uns selbst in einer bestimmten Weise berühren. Auch Geruch oder Geschmack können wirkungsvolle Anker sein, z.B. der Geruch dieser Person, in die ich damals so verliebt war.

Ü 10 Ein attraktiver Arbeitsplatz

Analyse des Arbeitsplatzes auf positive und negative Anker

Arbeitsplatz vorstellen

Nehmen Sie eine entspannte Haltung ein. Falls Sie sich nicht an Ihrem Arbeitsplatz befinden, stellen Sie sich vor, dass Sie dort sind.

Anker entdecken

Überprüfen Sie Ihre Umgebung mit allen Sinnesorganen im Hinblick auf Reize und die Erlebnisqualität, die diese in Ihnen auslösen. In welche Zustände bringen sie Sie, in angenehme oder in eher unangenehme? Prüfen Sie sorgfältig:

- Sehen Sie sich um, was es dort zu sehen gibt und wie das auf Sie wirkt!
- Hören Sie bewusst auf die Geräusche, Töne und Klänge, und wie diese auf Sie wirken!
- Fühlen Sie, wie Sie auf Ihrem Stuhl sitzen, ob er bequem oder unbequem ist!
- Riechen und schmecken Sie, was immer Sie dort auf diese Weise wahrnehmen und überprüfen Sie dabei Ihre Gefühle!

Negative Anker entfernen

Wenn Sie bei dieser Untersuchung etwas wahrnehmen, was in Ihnen ein unangenehmes Erleben auslöst, haben Sie einen negativen Anker entdeckt, den Sie, wenn möglich, entfernen oder auflösen sollten.

Positive Anker vermehren

Wenn Sie bei dieser Untersuchung etwas wahrnehmen, was in Ihnen ein angenehmes Erleben auslöst, haben Sie einen positiven Anker entdeckt. Wenn Sie sich vorstellen können, dass es etwas gibt, wobei Sie sich noch wohler fühlen, wenn Sie es hier sehen, hören, fühlen riechen oder schmecken könnten, dann haben Sie zusätzliche Anker entdeckt, die Sie sich, wenn möglich, an diesem Ort auch zugänglich machen sollten.

Anker setzen

Gute Anker, d.h. gut abrufbare Anker, können Sie dann setzen, wenn Sie:

- ankern, wenn der Zustand besonders intensiv ist.
- nur einen spezifischen Zustand ankern.
- zum richtigen Zeitpunkt ankern und einsetzen.
- einen einzigartigen Anker setzen.
- Anker und Nicht-Anker Situation klar trennen.

Und so geht es genau:

Ü 11 Powerknopf installieren

- Geeignete Körperstelle für Knopf identifizieren.
- An eine Powersituation denken.
- Voll in Powersituation einsteigen (Sehen, Hören, Fühlen, Riechen, Schmecken).
- Powerknopf drücken, JETZT!
- Etwas ganz Anderes tun.
- Knopf testen und brauchen.

10.1. Swish: Die revolutionäre Methode die Wirkung von Ankern umzudrehen

Bei einem Swish nach Richard Bandler werden zwei innere Bilder (zwei visuelle Repräsentationen) sehr schnell ausgetauscht. Swish bedeutet auf Deutsch zischen. Ein zischendes Geräusch entsteht, wenn sich zwei Dinge schnell aneinander vorbeibewegen. Genau diese Vorstellung wird bei der Technik des Swish aktiviert: Ein Bild bewegt sich schnell von einem Ort weg und ein anderes Bild zischt an diesen Ort. (Das ganze dauert vielleicht zwei Sekunden). Der Blick auf ein ursprünglich problematisches Ding verändert sich in Blitzeseile in ein neues Gemälde von einer erwünschten Situation. Diese Bewegung wird oft mit Gestensprache oder Zisch-Lauten unterstützt.

Die Technik des Swishs basiert auf zwei Bildern:

> - ein Bild des **Problems**. Dabei sehe ich genau das, was es beim Beginn des problematischen Verhaltens zu sehen gibt, z.B. meine Finger beim Griff zu der Zigarette, und
> - ein Bild, welches das **Ziel** enthält. Ich sehe mich selbst, wie ich etwas anderes mache, das mir gefällt, so wie ich es will - wobei sich das Zielbild inhaltlich immer auf das Problembild bezieht: Es soll es ja ersetzen, z.B. das Bild von mir als frei, entspannt atmende Person.

Swishen bedeutet, dass die Aufmerksamkeit schnell vom Problembild zum Zielbild gelenkt wird. D.h. immer, wenn ich den alten Anker wahrnehme, taucht automatisch das neue Zielbild vor mir auf. Dafür muss die Übung anfänglich ein paarmal durchgeführt werden.

Groß-klein Swish

(1) das Problembild als großes und helles Bild entwickeln,
(2) das Zielbild als kleines dunkles Bild in eine Ecke des Problembildes platziert und
(3) mit Husch und Swish das kleine dunkle Zielbild größer machen, sodass es das Problembild bedeckt, welches gleichzeitig verblasst und verschwindet.

Vorne-hinten Swish

Das (kleine) Zielbild rast aus der Zukunft nach vorne und steht groß in der Gegenwart, während das (große) Problembild klein wird und in die Vergangenheit abzischt.

Katapult-Swish

Das Problembild hat in der Mitte ein Loch, durch das das Zielbild zuerst schimmert und dann mit einem Katapult abgeschossen wird und so das Problembild sofort ablöst.

Handflächen-Swish

Das Problembild wird in die linke Handfläche projiziert, das Zielbild in die rechte. Die linke Hand wird ausgestreckt vor das Gesicht gehalten, die rechte hinter den Kopf. Mit einer raschen und powervollen Handbewegung (die linke Hand geht nach hinten, die rechte nach vorne) schießt das Problembild durch den Kopf und das Zielbild wird gleichzeitig nach vorne gedrückt.

Die Swishtechniken eignen sich sehr gut für die Überwindung zwanghaften Verhaltens wie Nägelkauen, Rauchen oder unangemessenes Essen oder auch bei Gedanken, die Zwänge auslösen. Denn zwanghaftes Verhalten kommt dadurch zustande, dass automatisch ein inneres Bild produziert wird, von dem eine große suggestive Kraft ausgeht.

Nach R.Bandler

11. Kreativität

Ü 12 Der purpurne Affe

Diese tolle Visualisierungsübung regt alle Sinne spürbar an. Machen Sie die Übung eine Woche lang acht Mal am Tag, und Sie werden einen wahrnehmbaren Effekt schon sehr schnell spüren.

Stellen Sie sich einen Ort vor, in einem Wald, in der Luft auf einem fernen Planeten... Sehen Sie sich an diesem Ort genau um und suchen Sie nach etwas, das Sie dort nicht vermutet hätten (schwebender Elefant, hüpfender Kochtopf, etc.).

Nun nähern Sie sich dem ausgewählten Objekt und untersuchen es mit allen Sinnen, allen voran die Fernsinne (Sehen, Hören). Jetzt, wo Sie das Objekt bereits sehen, hören Sie es sich an. Dabei müssen Sie unter Umständen sehr nah rangehen. Auch jetzt sollten Sie darauf achten, dass Ihr Objekt keinen Laut macht, den Sie von ihm gewohnt sind.

Im nächsten Schritt ertasten Sie den Gegenstand. Auch jetzt werden Sie eine Überraschung erleben (Hartes wird weich, Scharfes flauschig etc.). Jetzt folgt das Riechen, auch hier kann eine Rose nach Bratfett riechen, oder ein Weinglas nach Druckerschwärze. Was immer Sie sich vorstellen, wird jetzt auf seinen Geschmack überprüft. Auch hier darf unser Gegenstand von seinem bekannten Muster abweichen.

Nun entfernen Sie sich etwas und rufen Sie sich nochmals alle Stationen Ihrer Erfahrung ins Gedächtnis. Geschmack, Geruch, Gefühl, Gehör, optische Darstellung, Ort und die Zeit des Geschehens, und fertig.

Mit jedem Mal Purpuraffe-Übung wird es Ihnen leichter fallen, und Sie werden immer mehr Freude daran erhalten. Anfänglich dürfen Sie ruhig ein paar Minuten dazu brauchen, später werden Sie nur noch wenige Sekunden benötigen. Sie werden dann von Zeit zu Zeit ein regelrechtes Bedürfnis entwickeln, immer mal wieder die Augen zu schließen und den Purpuraffen tanzen zu lassen.

Stellen Sie sicher, dass sich die vorgestellten Sinneseindrücke nicht zu oft wiederholen. KREATIV BLEIBEN BITTE! Wichtig ist bei der Übung vor allem, dass das Bild, das man sich vorstellt, möglichst nichts mit bereits gelernten Realitäten zu tun hat. Nur so können neue Verknüpfungen im Gehirn angeregt werden. Der Begriff Purpuraffe symbolisiert ein "verrücktes" Bild recht gut. Je bewegter, wilder und ungewöhnlicher das vorgestellte Szenario, desto effektiver die Übung.

Nach Freudenreich, Hans: Täglicher Mentaltrainingstipp für deinen Erfolg. Xing 30.8.2010, Gruppe Mentaltraining.

12. Blockaden lösen

Als mir mein Kollege vor 20 Jahren zum ersten Mal zeigte, wie man mit Klopfen auf gewisse Stellen des Handrückens bei den meisten Menschen fast jede Angst zum Verschwinden bringen kann, war ich sehr misstrauisch und verblüfft. Ebenso, als eine Kollegin mir die Augenwischer-Übung vorführte, ein paar Hin-und-Her-Bewegungen vor meinen Augen, welche auf die gleiche Art erschreckend effektiv waren. Wer hätte damals ahnen können, dass im Jahr 2012 weltweit über 70'000 Mediziner und klinische Psychologen in EMDR, der Augenwischer-Methode zertifiziert sein werden und dass wahrscheinlich ebenso viele Praktiker mit Klopftechniken ähnlich Resultate erzielen werden? Wer hätte die Menge von über 1500 Studien erwartet, die noch und noch die Wirksamkeit dieser Methoden nachweisen? Heute wissen wir, dass unser Körper-Geist-System Ängste, negative Erinnerungen, Frustrationen relativ einfach überwinden kann.

- über die meisten Sachen kommen wir locker weg,
- Schreck, Sturz, Angst, etc. können für unser Verarbeitungssystem jedoch zu heftig sein, die Stress-Emotion kann dann jahrzehntelang im Nervensystem präsent sein,
- die Mandelkerne (Amygdala) schlagen Alarm, weil sie einfach darauf programmiert sind,
- deshalb braucht es Maßnahmen, diese Reaktion umzutrainieren (z.B. EMDR, Klopfen)

Nach F. Shapiro werden durch die EMDR-Technik und ähnliche Vorgehensweisen Erinnerungen verarbeitet, die sich in unverarbeiteter Weise in Körper und Geist verkapselt haben. Das Verfahren befreit von belastenden Bildern und Körperempfindungen, bedrückenden Emotionen und negativen Überzeugungen. Es entsteht dabei oft ein Gefühl der Offenheit, der Freude und tiefen Verbundenheit mit anderen.

Warum ist das so? In unserem Gehirn ist der Mandelkern der Spezialist für emotionale Angelegenheiten. Der Mandelkern fungiert als Speicher der emotionalen Erinnerung und verarbeitet in der Nacht in der so genannten REM-Phase durch schnelle Augenbewegungen die Information vom Vortag. Bei unvollständiger Informationsverarbeitung können wir mit Augenbewegungen oder Klopfen nachhelfen.

Ü 13 Magie der Augenbewegungen

Dieses Vorgehen eignet sich sehr gut in Notsituationen, wenn man vor einem Auftritt Herzrasen hat oder einfach immer bei starker emotionaler Erregung.

Setzen Sie sich für diesen Prozess bitte. Erinnern Sie sich an eine Stresssituation und tun Sie so, als ob Sie einen Teil davon jetzt nochmals erlebten. Wo in Ihrem Körper nehmen Sie diese Situation wahr?

Während Ihre Aufmerksamkeit zu Ihrer Körperwahrnehmung wandert, strecken Sie einen Arm auf Kniehöhe aus und fangen an, waagrechte Bewegungen von etwa einem Meter Länge auszuführen. Ihre Augen folgen Ihrem Arm hin und her. Dabei bleibt der Kopf still. Bevor Sie mit dem ersten Durchgang von Augenbewegungen anfangen, stellen Sie sich eine Skala vor mit den Zahlen −10 bis +10. 0 steht für neutral, -10 für absolut schrecklich und unerträglich, +10 für größte Freude und Vergnügen. Weisen Sie nun der Stresssituation und den dazu gehörigen Emotionen und Körperempfindungen einen Wert zu. Normalerweise bewertet man negativ gewertete Emotionen mit negativen Punktzahlen. Ziel ist es, die Körperwahrnehmung durch die Augenbewegungen zu neutralisieren, also auf 0 hoch zu bewegen.

Bewegen Sie nun die Augen im Rhythmus des Armes hin und her. Geschwindigkeit: etwa 1 Sekunde pro Hin-und-Her-Bewegung. Nach etwa 20 bis 30 Hin-und-Her-Bewegungen machen Sie einen großen Kreis mit den Augen. Wie haben sich Ihre Empfindungen und Wahrnehmungen verändert, was fällt Ihnen spontan ein, wie bewerten Sie die Stresssituation auf der Skala jetzt?

Führen Sie dieses Verfahren so lange durch, bis der Stress ganz neutralisiert ist. Dabei führen Sie die Kreisbewegung der Augen abwechslungsweise im Uhr- und Gegenuhrzeigersinn durch.

Entwickelt von C-A.Ribaux nach: Lötscher-Gugler, Hedy: Auf den Schwingen des Glücks. Blockierte Energien lösen. Patmos Verlag Düsseldorf, 2006, S.115-121 und Cora Besser-Siegmund, Harry Siegmund: EMDR im Coaching. Wingwave – wie der Flügelschlag eines Schmetterlings, Paderborn 2001.

Ü 14 Lebensrad nach Hedy Lötscher

Das Lebensrad von Hedy Lötscher eignet sich sowohl zur Selbstreinigung wie auch als Kick für mehr Motivation und Freude. Es kann beliebig oft angewendet werden.

Stehen oder sitzen Sie dazu. Stellen Sie sich jetzt einmal vor, Sie wollen einen Ärger, den Sie vor kurzem hatten, auflösen. Als Erstes reiben Sie beide Hände zusammen, wie wenn Sie Energie entstehen lassen wollten und denken oder sagen Ihre Absicht: „Ich löse diesen Ärger auf"(Namen sagen!). Sie können an die betreffende Situation denken. Vielleicht war noch eine andere Person beteiligt, oder Sie haben sich über sich selbst oder eine Sache aufgeregt. Nun trommeln Sie mit der rechten Hand in einem schnellen Rhythmus 3-mal auf den Magenbereich, dann 3-mal links des Bauchnabels. Sie gehen also von sich aus gesehen im Uhrzeigersinn vor. Dann 3-mal unter dem Bauchnabel und schließlich noch 3-mal auf der rechten Körperseite. Nun wechseln Sie die Hand und trommeln eine Runde ebenfalls im Uhrzeigersinn mit der linken Hand. Bei der dritten und letzten Runde trommeln Sie die erste und zweite Stelle mit der rechten Hand und die dritte und vierte Stelle mit der linken Hand. Beide Hände einzusetzen ist sehr wichtig, weil damit unterschiedliche Hirnbereiche aktiviert werden. Auch das Überkreuzen der Mittellinie des Körpers ist bedeutungsvoll. Zum Schluss legen Sie beide Hände übereinander auf das Brustbein. Rechtshänder legen die rechte Hand nach unten. Dann atmen Sie leicht ein und ganz bewusst aus, um noch den letzten Rest Anspannung loszulassen. Vermeiden Sie zu tiefes Einatmen, konzentrieren Sie sich auf das Ausatmen. Nun klopfen Sie noch 3-mal mit der flachen Hand auf das Brustbein. Damit aktivieren und stärken Sie die darunter liegende Thymusdrüse und damit das Immunsystem. Das Trommeln auf dieser Stelle erhöht die Energie.

Nach: Lötscher-Gugler, Hedy: Auf den Schwingen des Glücks. Blockierte Energien lösen. Patmos Verlag Düsseldorf, 2006, S. 108-109.

Ü 15 Tapas-Akupressur-Technik (TAT)
(nach Tapas Flemming)

Anzuwenden bei Ängsten und Erregungszuständen zur Soforthilfe.

- Bei der TAT legt man drei Finger einer Hand aufs Gesicht und die Handfläche der anderen Hand auf die Schädelbasis am Hinterkopf.
- Genauer gesagt: Man führt - ohne zu großen Druck - Ringfinger und Daumen zueinander und legt die Fingerspitzen dieser beiden Finger auf die inneren Augenwinkel zu beiden Seiten der Nasenwurzel. Den Mittelfinger legt man dabei leicht an die Stirn. Die andere Hand legt man mit der Handfläche auf den Knochenvorsprung am Hinterkopf, wo der Schädel endet.
- In dieser Haltung denken Sie an den schlimmsten Aspekt des Problems, das Sie gerade belastet. Warten Sie, bis sich eine körperliche Veränderung einstellt. Meistens passiert das nach ein bis zwei Minuten.
- Dann halten Sie die Position weiterhin und ankern eine positive Affirmationen, wie etwa: „Alle Ursachen dieses Problems sind gelöst" oder „alle Ursachen dieses Problems in meinem Kopf und Körper, in Herz und Leben und allen anderen Dimensionen meines Wesens sind jetzt beseitigt."

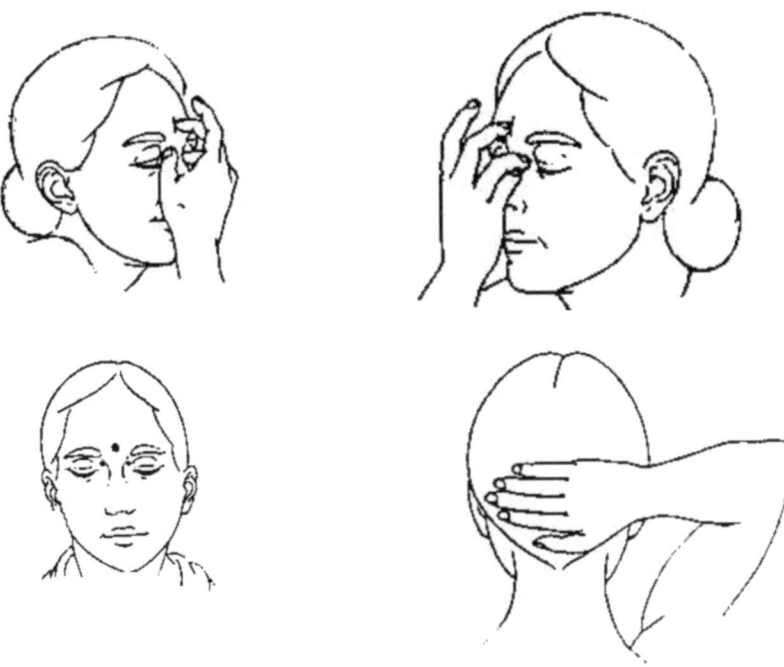

Quelle: www.tatlife.com

13. Stresskontrolle

Vergleich Herausforderungen Sport und Job

Sehr viele Menschen klagen darüber, dass sie nach der Arbeit nicht mehr abschalten können. Abends oder sogar in der Nacht drehen die Gedanken weiter, wodurch die Gereiztheit zunimmt und damit auch die Gefahr von Zusammenbrüchen oder Unfällen. Zusammen mit Beat Limacher haben ich erforscht, wie sich praktische Erkenntnisse aus dem Spitzensport direkt für den gefährlichen Berufsalltag einsetzen lassen. Der Vergleich der Herausforderungen von Motorrad-Rennfahrern und Mitgliedern der Berufsfeuerwehr hat folgende Resultate ergeben.

Rennsport (Motorrad)	Berufsfeuerwehr
Gefahr/Sturz (Unfall)	Gefahren/Unfall/Feuer/Sonstiges
Schnellere Informationsverarbeitung nötig	Schnellere Informationsverarbeitung nötig
Notwendigkeit hoher Konzentration	Notwendigkeit hoher Konzentration
Gelassene Geschwindigkeit	Gelassene Geschwindigkeit
Bekannte Risiken/Strecke	Unbekannter Aktionsort, neue Situation
Gutes Training und Material	Gutes Training und Material
Routinierte Abläufe	Routinierte Abläufe
Resultate nur im Team möglich	Resultate nur im Team möglich
Beat Limacher und Claude André Ribaux anlässlich einer Präsentation für die Berner Berufsfeuerwehr, Dezember 2011.	

Beide Bereiche zeigen sehr wohl, dass es einfacher ist, Energie zu mobilisieren als loszulassen. Beim geistigen Arbeiten, treten als Folge der Anstrengung gleiche Ermüdungen auf wie bei körperlicher Betätigung. Die Aufnahmefähigkeit, Konzentration, Erinnerungskapazität, etc. nehmen ab und die Lerneffektivität sinkt dadurch deutlich. Für Sportler wie auch für Feuerwehrleute ist es schwieriger, nach einem Einsatz wieder auf ein normales Entspannungsniveau herunterzufahren, als aus der Ruhe sehr schnell in die Hochleistung zu kommen. Das gilt natürlich auch für Menschen, bei denen sich Sitzung an Sitzung reiht und dadurch kaum Raum für Reflexion und Entspannung bleibt.

Durch die Tiefenentspannung, z.B. mit Hypnose, können Sie innerhalb von wenigen Minuten wieder Ihre volle geistige Frische erreichen oder eventuell sogar steigern. In Prüfungen oder bei Wettbewerben lässt sich nach wenigen Sekunden der Tiefenentspannung die Leistungsfähigkeit wiederherstellen.

Mit regelmäßigem Üben kann Entspannung in vielen Lebensbereichen eingesetzt werden. Durch Selbsthypnose oder Mediation können Sie Blockaden beseitigen.

13.1. Stress auflösen

Ü 16 Totale körperliche Entspannung

Diese Entspannungswelle kann im Sitzen oder auch im Stehen durchgeführt werden, z.B. in der S-Bahn. Zeitaufwand: ein paar Minuten.

Spannen Sie Ihre Muskeln kurz und behutsam an. Erst die Zehen, dann die Waden, Oberschenkel, Gesäßmuskulatur und Bauch, Oberkörper, Schultern, Brust, Arme und Gesicht. Spüren Sie, wie sich Ihr Körper von den Zehen bis zum Kopf anspannt. Halten Sie diese Gesamtspannung ein paar Sekunden. Lassen Sie dann eine Welle warmer Entspannung durch Ihren Körper fließen, ausgehend von Ihrem Kopf. Lassen Sie sie über den Hals rollen, über Ihre Arme, Schultern, Ihren Rücken, Bauch, Ihre Beine und Füße. Lassen Sie die Angespanntheit und Müdigkeit von der Welle wegspülen. Achten Sie darauf, wo Sie in Ihrem Körper einen Spannungszustand empfinden, wo Muskeln verkrampft sind. Lassen Sie die Entspannungswelle darüber rollen. Spüren Sie, wie die Spannung mit jeder Welle aus Ihren Muskeln gespült wird. Dann spannen Sie Ihren Körper erneut und entspannen ihn mit einer weiteren Welle. Wiederholen Sie dies drei- bis viermal. Machen Sie ausserdem ein paar Rollenbewegungen mit dem Hals, um die Blutzirkulation zu Ihrem Kopf zu verbessern. Spüren Sie Ihre völlige Entspannung, während Sie sich hinsetzen oder hinlegen oder zur nächsten Tätigkeit übergehen.

Ü 17 Lieblingsort

Stellen Sie sich vor, wie Sie in Ihrem Lieblingspark oder im Wald einen Spaziergang machen. Gibt es hier Hügel, Berge oder Weite? Ist es eine Sommer- oder eine Winterlandschaft?

Wählen Sie irgendeinen Ort in der Natur, der Sie heiter stimmt.

Gehen Sie z.B. zu Ihrem Lieblingsstrand. Spüren Sie, wie der Sand durch Ihre Zehen quillt. Riechen Sie die frische Seeluft. Schmecken Sie das leicht Salzige auf Ihrer Zunge. Schauen Sie in das Blau des Himmels und vergleichen Sie es mit jenem des Meeres, während Sie merken, wie die Wellen Ihren Knöcheln entlang spielen. Während Sie die leichte Brise über Ihre Haut streichen spüren, driften Ihre Sorgen, Ängste und Probleme mit dem Wind davon. Je mehr Sie den Strand erfühlen, desto weiter weg ist Ihr Alltag.

Genießen Sie die Sonne, das Rauschen, den Sand so intensiv wie möglich. Ankern Sie dieses Erlebnis, so dass Sie jederzeit mental wieder an Ihren Lieblingsort zurückkehren können.

Ü 18 Wo taucht der Gedanke ab?

Dies ist eine weitere Methode für den konstruktiven Umgang mit der Gedankenflut.

Diese Übung von Stephen Wolinsky eignet sich auch für mühsame Gedanken während sportlicher Betätigung. Sie kann auch zu zweit durchgeführt werden. Bei jedem Gedanken stellt sich der innere Dialog die Frage: „Und wo taucht dieser Gedanke ab?" Oder: „Wo verschwindet dieser Gedanke?"

Sie können diese Methode auch bei unerwünschten Gefühlen anwenden. Statt innerlich zu sagen: „Jetzt darf ich keine Angst haben", stellen Sie die Frage: „Wo taucht diese Angst ab"

Nach Stephen Wolinsky

14. Ressourcen stärken

Ü 19 DAHO - Daumen hoch

Teil 1:

- Bewegen Sie den rechten Arm mit ausgestrecktem Daumen mit Schwung nach vorn und weiter senkrecht nach oben. Verfolgen Sie den Daumen mit den Augen und sagen (oder denken) Sie dabei „DAHO". Dann bringen Sie den Arm in die Ausgangsstellung zurück.

- Dasselbe machen Sie mit dem linken Arm.

- Wiederholen Sie den Ablauf noch zweimal mit jedem Arm. Total also insgesamt sechs Armbewegungen.

Teil 2:

- Beide Arme werden nun gleichzeitig mit ausgestrecktem Arm nach oben bewegt, bis sie im Bildkanal sind, das heißt leicht oberhalb der Augenhöhe.

- Nun bewegen Sie die Daumen im Bildkanal auseinander und sagen dabei „DAHO". Sie bleiben mit den Augen in der Mitte, sehen aber die Daumen aus dem Blickwinkel. Die Daumen putzen mit dieser Bewegung den Bildkanal, links die Vergangenheit, rechts die Zukunft. Bewegen Sie die Arme soweit auseinander, bis sie seitlich ausgestreckt sind. Dann führen Sie die Arme zurück, bis die Daumen sich am Ausgangspunkt wieder berühren.

- Die Arme mit den aneinander liegenden Daumen werden nun ein Stückchen nach unten bewegt, bis in den Hörkanal auf Ohrenhöhe. Hier machen Sie dasselbe.

- Die Arme werden noch ein bisschen tiefer bewegt. Sie schauen nach unten. Sie putzen nun den Gefühlskanal.

- Zum Abschluss führen Sie den rechten Daumen gestreckt vor sich hin und sagen bekräftigend „DAHO". So wird „DAHO - alle Kraft ist in mir" bestätigt. Linkshänder machen dies mit dem linken Daumen.

- Bei Bedarf wiederholen.

Machen Sie diese Übung am besten am Morgen und gehen Sie mit Kraft und Energie in den Tag hinein. Abends werden alle negativen Gedanken und Stress ausgeschieden, und Sie können entspannt den Feierabend und die Nacht genießen.

(Mehr zu DAHO lesen Sie im Buch von Hedy Lötscher, das Daumen-hoch-Prinzip, AT-Verlag, 2009)

Ü 20 Aktive Zentrierung

Wenn ich mich selbst bleiben möchte, brauche ich zwei wesentliche Fähigkeiten, die des Verwurzelt-Seins und des Fließens.

Beim Verwurzelt-Sein bin ich wie ein Baum. Meine Wurzeln fassen tief in den Boden und geben mir Stabilität. Wenn ein Wind bläst, gibt der Baum ein wenig nach, aber nicht zuviel. Diese Fähigkeit kommt zum Einsatz, wenn ich stark genug bin, um dem Wind etwas Gleichwertiges entgegen zu setzen. Beim Fließen bewegen wir uns mit der von außen auf uns losbrausenden Energie und bleiben gleichzeitig zentriert und bei uns. Wir sind dann wie ein Blatt auf einem Teich, das sich je nach Windgeschwindigkeit und -richtung auf der Wasseroberfläche bewegt und dabei immer das gleiche Blatt bleibt. Diese Fähigkeit brauchen wir angesichts von Kräften, die die unsrigen um ein Mehrfaches übersteigen, also immer dann, wenn es sich nicht lohnt, Widerstand zu leisten.

In schwierigen Situationen zentriert bleiben:

> Gehen Sie innerlich in eine Situation, in der es Ihnen schwer fällt, zentriert und mit Ihren Ressourcen in Verbindung zu blieben.

> Lösen Sie sich aus dieser Situation und treten Sie in einen Zustand ein, in dem Sie sich im Einklang mit sich selbst, entspannt und zentriert fühlen. Verwandeln Sie sich dabei in einen Baum, der gut verwurzelt ist.

> Zentrieren Sie sich. Lassen Sie sich vom Partner mit Drücken, Ziehen, etc. in die beiden Modi ‚Verwurzeln' und ‚Fließen' bringen.

> Nähern Sie sich nun wiederum der herausfordernden Situation.

nach Dilts 2005

Ü 21 Moment of Excellence nach NLP

Durchleben Sie ein Erfolgserlebnis von neuem: Lassen Sie die positiven Gefühle der Freude und guten Leistungen durch Ihr ganzes Selbst und Ihre gegenwärtige Lernsituation strömen.

Wenn wir das tun, was wir gerne tun, produziert unser Gehirn Botenstoffe, die unsere Befähigung für das steigern, was wir gern tun. Das Wiedererleben eines freudigen Moments oder einer Feier und die Überlagerung der Gegenwart mit diesem positiven Gefühl ist ein Schlüssel zur exzellenten Leistung und zum Glück.

Kehren Sie zu einem Erlebnis Ihres Lebens zurück, in dem Sie sich wegen eines Erfolgs oder einer glänzenden Leistung wirklich grandios fühlten. Es kann ein Erlebnis aus der jüngsten Vergangenheit oder aus Ihrer frühen Jugend sein. Gab es einen Moment, wo Sie eine schwierige Aufgabe lösen konnten, wo Sie den richtigen Dreh fanden oder endlich den fehlenden Schritt eruieren konnten? Haben Sie je etwas Verblüffendes entdeckt? Gewannen Sie einen Match? Wie war es, als Sie das erste Mal auf einem Fahrrad allein fahren konnten?

Ein Moment of Excellence ist ein Top-Zustand, das Erlebnis einer Situation, in denen viele Ressourcen vorhanden waren. Beispiele sind Erlebnisse von Freude, Kreativität, Energie oder Zustände, in denen Sie sich kraftvoll, mutig, erfolgreich, gefühlt haben. Der Zugang zum Moment of Excellence lässt sich trainieren. Das Ziel ist, im Alltag die Kraft vom Moment of Excellence zur Verfügung zu haben.

> **Kurzanleitung, um einen Moment of Excellence aufzubauen:**
>
> - Sich an eine **Powersituation erinnern.** Denken Sie an eine Situation, in der Sie sich sehr wohl und angenehm gefühlt haben, und/oder sehr erfolgreich waren, und/oder all Ihre Ressourcen zur Verfügung gehabt haben.
> - Mit allen Sinnen **erleben.** Sie schauen sich diese Situation mit Ihrem inneren Auge an, sehen was es da zu sehen gibt, Menschen, Dinge, Farben, Ort. Sie hören, was es dort zu hören gibt, Stimmen, Geräusche, Töne. Sie riechen, was es dort zu riechen gibt. Sie spüren in sich hinein, wie angenehm das war, wie Sie sich fühlten.
> - Einen **Code** setzen. Wählen Sie ein Kennwort oder einen Satz, der Sie an diesen Augenblick erinnert. **Ankern!**

Ü 22 Mein Powerzustand

Zugang zu guten Gefühlen lernen und jederzeit abrufbereit halten

Wählen Sie ein reales vergangenes tolles Erlebnis, das Sie wieder zur Verfügung haben wollen. Sollten Sie sich nicht an ein schönes, kräftiges Erlebnis erinnern können, phantasieren Sie eine Wunschsituation. Die Übung kann im Stehen, Sitzen oder Liegen ausgeführt werden. Entspannen Sie die Augen, lassen Sie die Entspannung durch den ganzen Körper fließen.

- Erinnern Sie sich an ein Erlebnis, in dem Sie Heldin oder Held gewesen sind. Sie fühlten sich großartig. Andere Menschen haben sich mit Ihnen gefreut und Ihnen gratuliert.
- Schauen Sie sich das Ganze von Außen an (dissoziiert). Sehen Sie sich dabei so zu, wie Sie einen Film im Kino anschauen würden.
- Verändern Sie nun das Bild. Machen Sie die Ränder immer größer und weiter, die Farben bunter und heller und lassen Sie schließlich das Ganze in Bewegung kommen. Es läuft ein Film vor Ihrem geistigen Auge ab.
- Jeder gute Film hat auch eine packende Filmmusik. Suchen Sie die passende und stellen Sie die richtige Lautstärke ein.
- Schauen Sie den Film mit der Musik nochmals an und verändern Sie die Handlung bis Ihnen das Ganze optimal gefällt.
- Und nun steigen Sie in sich selbst im Film hinein. Schauen Sie mit Ihren eigenen Augen um sich herum, hören Sie mit Ihren eigenen Ohren die Geräusche, die Gespräche und natürlich Ihre Filmmusik.

Was geschieht jetzt in Ihrem Körper? Wie fühlen Sie sich? Wie bewegen sich die Emotionen im Körper? Falls die Emotionen sich drehen, drehen Sie einfach schneller. Wenn's kribbelt, Kribbeln verstärken. Und wenn es sich in der Brust so wunderbar anfühlt, breiten Sie dieses Gefühl in den ganzen Körper aus. Jedes Einatmen verstärkt diese Energie und bei jedem Ausatmen verteilt sie sich auf Ihren ganzen Körper.
Larger than Life!!! Tun Sie alles was Ihre guten Gefühle noch verstärkt und ankern Sie sie jetzt mit Ihrem persönlichen Körperanker.

Genießen Sie für ein paar Atemzüge diesen wunderbaren Zustand. Dann ankern!

Nach Lorenz Bigler: omegahypnose.ch

Ü 23 Sicherer Ort

Angenommen Sie müssen eine schwierige Situation konfrontieren, die bei Ihnen Unruhe oder Angst auslöst, dann brauchen Sie einen inneren mentalen sicheren Ort, zu dem Sie für Ihren Schutz sofort zurückkehren können.

Vielleicht erinnern Sie sich, wie Sie früher manchmal eine Traumwelt geschaffen haben. Genauso kann man jederzeit in der Phantasie einen Ort suchen oder schaffen, der zum eigenen Zufluchtsort wird. Es ist ganz einfach. Machen Sie es sich bequem, schließen Sie die Augen und lassen Sie in Ihrer Phantasie einen Raum, einen Ort entstehen. Ihre Phantasie hat keine Grenzen. Verändern Sie alles, was Sie möchten, bis ein Ort der Sicherheit und Geborgenheit für Sie Wirklichkeit wird. Geben Sie diesem Ort einen unverkennbaren Namen.

Zu diesem inneren Zufluchtsort können Sie jederzeit gehen und so lange dort verbleiben, wie Sie mögen. Je öfter Sie dies üben, desto besser wird es Ihnen gelingen, einfach da hinzugelangen. Wenn Sie einen guten Ort gefunden haben, werden Sie feststellen, dass Sie sich beim Verlassen dieses Ortes ausgeruht und mit neuer Energie aufgetankt fühlen.

Übung in 2-er Gruppen: A = sicheren Ort suchende Person; B = Begleiter

1) B interviewt A im Hinblick auf deren sicheren Ort: „Stelle dir vor, du gehst an einen absolut sicheren Ort, wo du dich geborgen fühlst. Gehe jetzt da hin."

2) Fragen: „Was genau siehst du da? Und, das, was du siehst, ist das nah oder fern, groß oder klein, farbig oder schwarz/weiß, in Bewegung oder statisch? Wie fühlst du dich? Wo genau in deinem Körper spürst du diese Sicherheit? Wie hört sich dieser sichere Ort an? Gibt es allenfalls Gerüche oder einen Geschmack, der zu diesem Ort gehört?" B macht sich Notizen zu As Beschreibungen.

3) Mini-Pause.

4) B führt A über die Notizen wiederum an den sicheren Ort, während A auf die Oberschenkel klopft.

Nach Ulrike Pape und Andreas Zimmermann

15. Flow

Wie kann es sein, dass einzelne Arbeiter nach einer ganzen Woche anstrengender Fließbandarbeit fröhlich den Arbeitsplatz verlassen, während andere schon nach einem Arbeitstag verschlissen sind? Ganz einfach: Der Erste liebt seine Tätigkeit und zieht Energie daraus, während der Zweite nicht im Flow ist und deshalb zu viel Energie verbraucht.

Wer mit einer Tätigkeit verfließt, ist im Flowzustand. Als Flow bezeichnet man das völlige Aufgehen in einer Tätigkeit. In diesem Zustand besteht ein optimaler Ausgleich von innerem Erleben und Umwelt. Zeit spielt keine Rolle. Denken, Fühlen und Handeln sind in Übereinstimmung, und das Tun geht mühelos vonstatten.

Je mehr ich im Flow bin, desto motivierter bin ich bei dieser Tätigkeit. Je motivierter ich dabei bin, desto mehr bin ich im Flow. Ich übe diese Beschäftigung aus, einfach weil es mir gefällt. Die Motivation dafür kommt von Innen, und es braucht keinerlei Anreize von Außen, die mich motivieren müssten. Die Arbeit geht leicht vonstatten. Es ist sogar so, dass ich aus der Betätigung heraus Energie tanken kann.

Methode für intensiven Flowzustand

Schritt 1: Betrachten Sie Ihre **Aufgabe wie ein Spiel**

Wie in einem wirklichen Spiel braucht es ständige Rückmeldung. Beim Spiel geschieht dies meist über den Punktestand. So auch hier. Stellen Sie sich die Erledigung Ihrer Aufgabe wie ein sportliches Ziel vor, machen Sie sich die Hürden klar und legen Sie Regeln und Belohnungen fest. Organisieren Sie oft und schnell Feedback.

Schritt 2: Behalten Sie Ihre **Absicht im Hinterkopf**

Während des Tuns denken Sie immer wieder daran, was dahintersteht. Was ist die Triebkraft hinter dem Ziel? Denken Sie daran: Das hier geht über das Tore-Schießen oder Treffer-Erzielen hinaus. Wichtig ist der Grund, warum Sie Tore schießen wollen.

Schritt 3: **Konzentration**

Bleiben Sie mit Ihren Gedanken ganz beim Tun. Falls Sie gedanklich abschweifen, haben Sie den Flowzustand wieder verlassen. Wenden Sie Ihre Aufmerksamkeit dann wieder genau auf das, was Sie in diesem Moment sehen, hören, fühlen, riechen, z.B. auf die Struktur des Griffs im Fels in der Wand, die Sie durchklettern. Konzentrieren Sie sich wieder auf die vor

Ihnen liegende Aufgabe und passen Sie den Schwierigkeitsgrad solange an, bis Sie sich wieder vollständig hineinbegeben haben.

Schritt 4: **Übergeben Sie sich dem Geschehen**

Das ist das wohl größte Geheimnis des gesamten Flow-Ablaufs. Sie werden feststellen, dass Sie einfach Spaß an Ihrer Aufgabe haben; unnötige Anstrengungen oder der Wunsch, etwas herbei zu zwingen, erübrigen sich. Sie befinden sich in einem gewissen Zustand der Zeitlosigkeit. Es gibt keinen Grund in diesem Moment darüber nachzudenken.

Schritt 5: Das **Hochgefühl**

Dieses Hochgefühl ergibt sich ganz natürlich aus den vier vorhergehenden Schritten. Auf einmal merken Sie, dass Sie sich in einem Zustand der Ekstase oder des Höhenflugs befinden. Es wird Ihnen bewusst. Jetzt befinden Sie sich wirklich im Flow.

Schritt 6: **Spitzenleistungen**

Der Zustand des Hochgefühls entsteht, weil das gesamte Gehirn mit eingebunden ist. Alles schwingt auf einer Frequenz. Dieser Zustand ist unverkennbar. In diesem Zustand hat man das Gefühl, etwas zu bewirken, ohne wirklich zu denken; die Produktivität erreicht ungeahnte Höhen. Falls Sie Langeweile und Unruhe aus Ihrem Leben verbannen wollen, suchen Sie sich eine Aufgabe und schwingen Sie sich in den Zustand des „Flow" hinein. Dabei ist es nicht wichtig, um welche Tätigkeit es sich hier handelt. Und denken Sie daran: Es ist ein Spiel. Bei diesem Spiel geht es um Belohnungen – nicht um Kritik.

15.1. Im Flow sein

„Sehr sanft. Wie wenn es auf deinen Pedalen Eierschalen hätte, die du nicht zerbrechen möchtest. So sanft fährst du im Regen: Balancieren, Vorausschauen, Geduld. Körperliche Wahrnehmung wie wenn man auf dem Hosenboden fahren würde. Was ich am meisten liebte, war, dass man keine Erinnerung haben darf. Keine Erinnerung an Dinge, die gerade passiert sind, gute oder schlechte. Denn Erinnerung ist Rückschau in der Zeit. Sich zu erinnern, heißt, sich von der Gegenwart zu entfernen. Um im Rennen irgendwie Erfolg zu haben, darf sich der Rennfahrer nie erinnern. Das ist wohl der Grund, weshalb Rennfahrer jede Bewegung, jede Fahrt mit Kameras dokumentieren. Ein Fahrer kann nicht Zeuge seines eigenen Erfolgs sein. Rennen fahren ist Tun. Das ist Teil eines Moments und sich nichts anderes bewusst zu sein als dieses Moments. Nachdenken muss später kommen." Ein Rennfahrer sagte einmal: „Wenn ich das Rennen fahre, arbeiten mein

Geist und mein Körper so schnell und so gut zusammen. Ich muss mir sicher sein, dass ich dabei nicht denke, sonst mache ich sicher Fehler." Aus: 'The art of racing in the rain' von Garth Stein.

Gut trainiert, alles eingeübt

Oft müssen wir für ein Projekt oder eine wichtige Entscheidung innert Minuten startfähig sein und dabei trotz schneller Aktion im Einsatz cool, ruhig und fokussiert bleiben. Es gilt, Ablenkungen zu vermeiden und präzise die Vorgaben einzuhalten. Erst nach dem Einsatz erfolgt die Analyse, diese aber diszipliniert im Sinne einer Forschung, was in Zukunft noch optimierter angegangen werden kann. Alle Fahrer sind gut vorbereitet und beherrschen ihre Maschinen. Der trainierte Rennfahrer hat seine Maschine im Griff. Das braucht nicht nur technische Finesse, sondern auch Kraft. Hier unterscheiden sich die Fahrer beträchtlich. Einige trainieren jeden Tag Technik, Kraft oder Ausdauer, andere halten sich dabei zurück. Wer nicht ausgeprägt trainiert ist, verliert während eines Rennens oft die Kraft, und damit steigt die Unfallgefahr. Im Prinzip müsste ein Fahrer in einer technischen Disziplin drei Rennen in gleicher Intensität unmittelbar hintereinander fahren können, damit sichergestellt ist, dass er im Wettbewerb seine volle Leistung abholen kann. Wie Rennsportler ist auch die heutige Mitarbeiterin auf eine professionelle Vorbereitung angewiesen. Diese erstreckt sich auf eine Vielfalt von Aspekten:

Da ist zuerst das Umfeld der Sportler oder Mitarbeiterin: Ist es stabil oder birgt es durch Unsicherheiten und Veränderungen Stresspotential? Dann:

Wie steht es mit der Work-Life Balance? Was passiert neben der Leistungsbereitschaft im Beruf?

Welche Arten von Training und Wertschätzung sind angesagt?

Keine inneren Handbremsen mehr: Blockaden verarbeiten

Gehen wir also davon aus, dass der Fahrer technisch und körperlich gut vorbereitet ist, dass das Technikerteam harmonisiert und die richtigen Entscheidungen fällt, was entscheidet dann noch das Rennen? Hier kommt die mentale Veranlagung ins Spiel. Zuerst einmal der Umgang mit Emotionen. Angesichts der Schwierigkeiten beim Fahren dürfen Emotionen nur eine untergeordnete Rolle spielen. Rachegelüste, Wut und ähnliche Zustände sind Energiefresser und lenken vom Parcours ab. Deshalb sind vor dem Rennen sämtliche störenden Emotionen zu neutralisieren. Ebenso kann ich im Betrieb nicht konzentriert und gelassen meine Fähigkeiten entfalten, wenn ich mich ständig emotional irritieren lasse. Und weil ich als qualifizierte Mitarbeiterin das weiß, versuche ich solche Emotionen ständig zu unterdrücken, was wiederum Energie kostet und die Wirksamkeit reduziert. Bei zunehmendem Aufwand wird dann immer weniger erreicht.

Solche Emotionen verdaut unser Körper-Geist System normalerweise in der Nacht. Normalerweise. Leider sammeln sich bei den meisten Leistungsträgerinnen und Leistungsträgern über lange Zeit hinweg unverdaute Information an, die oft nur mit Hilfe von Coaching, z.B. wingwave oder Hypnose, effizient in die Verarbeitung geschickt werden kann.

15.2. Im Flow arbeiten, Fragen an Bernd Hufnagl

Was macht den Unterschied zwischen Lust an der Leistung und Frust in der Arbeit aus?

Bernd Hufnagl: Den Unterschied macht das Dopamin, das Hormon, das Glücksgefühle auslöst und unser Belohnungszentrum anspricht. Als Säugetiere sind wir seit Millionen Jahren programmiert uns anzustrengen, weil Anstrengung und Dopaminausschüttung zusammenhängen. Dopamin sorgt für die Belohnung nach einer Anstrengung und für das, was wir als Lust empfinden. Es ist der Stoff, der entscheidet, ob wir uns am nächsten Tag wieder anstrengen wollen. Dopamin wird aber nur dann ausgeschüttet, wenn wir zeitnah sehen, wofür wir uns angestrengt haben. Genau das ist in der Arbeitswelt oft nicht mehr der Fall, weil die Arbeitsprozesse nicht gehirngerecht sind.

Arbeitsprozesse und Ergebnisse sind oft nicht sichtbar. Das Hirn will sehen, wofür man sich anstrengt. Das ist wörtlich gemeint. Wenn man etwas abgearbeitet hat und am Schreibtisch Stapel wegräumt oder Zettel zerreißt, gibt das deutlich mehr Dopamin, als wenn man im Outlook-Assistent eine Zeile ausgraut. Wenn das Gehirn aber jeden Tag die gleiche Menge Stapel wahrnimmt oder noch schlimmer, es sogar immer mehr Stapel werden, während man sich anstrengt, sorgt das für Frust.

Das Belohnungszentrum beurteilt, ob es Sinn macht, sich morgen wieder anzustrengen. ... Kriegt das Hirn in der Arbeit nie Belohnung, lernt es, Dopamin woanders zu bekommen: durch Konsum – Filme schauen, Autos kaufen, Handtaschen kaufen, ... Daraus entsteht Sucht. Um die gleiche Dopaminproduktion auszulösen, muss der Film das nächste Mal brutaler und actionreicher sein, das Auto schneller, die Handtasche größer, ... Oder Frustessen: Menschen, die in der Arbeit keine Belohnung bekommen, holen sich Dopamin über Zucker und Fett. Der Lernprozess heißt: Wenn du im Büro frustriert bist, hol' dir morgen zwei Kardinalschnitten, nicht nur eine, damit es sich gleich gut anfühlt.

Kann man etwas tun, um mehr Lust als Frust am Arbeitsplatz zu erleben?

Hufnagl: Wenn ich etwas Neues ausprobiere, also etwa bei Veränderungsprozessen, ist die Chance extrem groß, dass ich belohnt werde. Bei etwas Neuem ist die Erwartungshaltung des Gehirns offen. Und so werden bei Erfolg ... Unmengen von Dopamin freigesetzt. Weil dabei so viel Dopamin freigesetzt wird, die Belohnung also so groß ist, genügt zukünftig bei neuen Dingen eine Erfolgsquote von 20 Prozent. Menschen werden dadurch zu Optimisten, die sich nicht als Opfer von Umständen sehen, sondern an ihre eigenen Handlungen glauben. Anders formuliert: Man lernt zu akzeptieren, dass man nicht immer erfolgreich ist.

Und wenn das tägliche Arbeitsleben aber eher von vielen Routineaufgaben, Stress und Zeitdruck als von bahnbrechenden Neuerungen geprägt ist?

Hufnagl: Da ist das Hauptproblem der immer häufiger werdenden Konzentrationsstörungen durch permanente Arbeitsunterbrechung, Ablenkung, Multitasking. Wenn wir nur mehr auf Zuruf arbeiten, die Mailflut uns übermannt, wenn wir während der Arbeit an einer Aufgabe schon an die nächste denken, verändert sich etwas im Hirn: Wir können Wichtiges nicht mehr von Unwichtigem unterscheiden. Alles bekommt Priorität eins. Dauernde Ablenkung führt dazu, dass wir "Beruhigungsarbeit" machen: Wir besuchen permanent unsere Baustellen, bis wir uns beruhigt haben.

Beispiel: Ich arbeite an einer Excel-Tabelle und sehe im Pop-up-Fenster, dass ein Mail gekommen ist, es ist ein harmloses, privates Mail. Jetzt wird im Hirn innerhalb weniger Millisekunden entschieden, woran ich weiter arbeite. Ich sollte weiter an der Excel-Tabelle arbeiten, aber dem Emotionszentrum fallen sofort alle angstbesetzten Dinge ein - etwa Abgabetermine für andere Aufgaben. Dann beschäftige ich mich sofort damit, bis ich sehe, dass ich das termingerecht schaffen werde und beruhigt bin. Wir leben in einer Welt der permanenten Unterbrechung und daher in einer Welt, in der die Probleme permanent präsent sind.

Hilft eine Abschottungsstrategie dagegen?

Hufnagl: Studien zeigen, dass wir im Schnitt nur noch elf Minuten konstant an einer Tätigkeit arbeiten. Das Spannende: Die Unterbrechungen kommen nur zu 50 Prozent von außen. Nach elf Minuten lenken wir uns selbst ohne erkennbaren Grund ab. Weil wir nämlich dieses Muster gelernt haben, nehmen wir nach elf Minuten das Telefon und schauen, ob wir einen Anruf versäumt haben. Nur aufgrund der Vermutung unseres hirneigenen "Statistikprogramms" und unseres Angstzentrums.

Aus: http://www.format.at/articles/1324/527/360080/wir

Ü 24 Checkliste Flow

Flow-Kriterien	Meine gegenwärtige Situation
Bin ich gut auf diese Tätigkeit vorbereitet?	
Glaube ich an meinen Erfolg, und bin ich überzeugt von meinem Können?	
Habe ich gelernt, die damit verbundenen Ängste zu bewältigen?	
Bin ich fähig, Stress und Probleme in Kraft für meinen Erfolg in dieser Tätigkeit einzusetzen?	
Habe ich Selbstvertrauen in meine Stärken entwickelt?	
Habe ich die optimale Balance von Anspannung und Entspannung erlernt? Bin ich fähig mich völlig zu entspannen und rechtzeitig den richtigen Erregungszustand zu erreichen?	
Bin ich fähig, mir innerlich vorzustellen, wie ich diese Aufgabe erfolgreich bewältige?	
Ist das Ziel klar und eindeutig?	
Erhalte ich sofort konstruktives, positives Feedback aus meiner Umgebung?	
Kann ich mich ohne Ablenkung ganz auf diese Tätigkeit konzentrieren?	
Sind meine Blockaden aufgelöst, und bin ich bereit, innere Störungen sofort zu stoppen?	
Sind meine Erwartungen realistisch?	
Stelle ich sicher, dass Spaß und Freude und viel Lachen - auch über mich - die wichtigsten Dinge sind?	
Bin ich angemessen ernährt, und trinke ich genug?	

Tabelle inspiriert durch: Heimsoeth S.11

16. Das unbewusste Potential

Ü 25 Automatisches Schreiben

Mit dieser Denktechnik finden Sie den Weg zum kreativen Unbewussten und lassen alle Schreibblockaden hinter sich. Setzen Sie sich zum automatischen Schreiben hin. Nehmen Sie sich 12 Minuten Zeit und achten Sie auf die folgenden Punkte:

1. Halten Sie die Hand bei gutem Tempo stets in Bewegung.
2. Streichen Sie nichts während des Schreibens.
3. „Nicht denken" ist das Motto.
4. Satzbau, Rechtschreibung, Grammatik und Interpunktion sind unwichtig.
5. Was tun, wenn Ihnen nichts mehr einfällt? Gibt es nicht, einfach weitermachen.
6. Wichtig: Die Texte sind persönlich und werden von anderen nicht gelesen. Vernichten Sie den Text danach. Werfen Sie ihn in einen Papierkorb oder schreddern Sie ihn.

Sie können schreiben, was Sie wollen. Entdecken Sie, was Sie denken und worüber Sie nachdenken. Geben Sie sich während des automatischen Schreibens die Erlaubnis, „Sinnloses" zu schreiben. Die Wirkung wird Sie überraschen.

Denn kein Unsinn ist so unsinnig, als dass er Sie nicht auf einen besonderen Gedanken, eine spannende Idee, etwas Neues bringen würde.

nach Gabriela Leist

Ü 26 Antwort auf Fragen erhalten

Setzen Sie das Automatische Schreiben auf eine neue Art fort. Führen Sie ein Gespräch mit Ihrem unbewussten Wissen, mit dem Sie wie mit einer Person sprechen.

Nehmen Sie dafür Stift und Papier. Teilen Sie das Blatt so auf, dass Sie ein Gespräch niederschreiben können. In die obere Hälfte schreiben Sie: ‚Erste Person', in die untere: ‚Zweite Person'. Der zu erfassende Dialog entsteht zwischen der ersten Person (Ihnen) und der zweiten Person (unbewusstes Wissen). Vielleicht nimmt diese zweite Person irgendwann einmal eine bestimmte Persönlichkeit an, z.B. die des inneren Führers, der Weisheit oder des inneren Wissens. Es kommt nicht darauf an, ob diese zweite Person real, erfunden, ein anderes Ich, ein Lehrer aus der Vergangenheit oder sonst irgendjemand ist. Sie unterstützt Sie ausschließlich in Ihrem inneren Wachstum.

In der oberen Blatthälfte notieren Sie sodann eine Frage. Denken Sie kurz nach, und finden Sie sich damit ab, dass Sie eine sehr kluge Antwort erhalten werden. Stellen Sie sich vor, wie Sie eine Person fragen, der Sie besonders vertrauen, die Sie bewundern, lieben, die Sie nie verraten könnte, kurz, eine Person, die alle Antworten weiß. Bleiben Sie bei einfachen Fragen. Fragen Sie etwas Wichtiges und konzentrieren Sie sich darauf. Nehmen Sie sich einen Moment Zeit für eine klare Frage. Es braucht sich nicht um eine einfache Frage zu handeln. Notieren Sie die Frage und dann entspannen Sie sich.

Schicken Sie beim Schreiben Ihre inneren Kritiker weg, halten Sie Ihre Selbstkontrolle im Ferienmodus, und stellen Sie nichts in Frage. Lassen Sie Ihr Schreibinstrument fließen ohne sich darum zu kümmern, wo das hinführen mag. Schreiben Sie fortlaufend, so wie Ihre Gedanken kommen. Wer weiß, wo Sie das hinführt! Schreiben Sie einfach, so wie ein persönlicher Assistent das tun würde. Wenn aus der Antwort eine neue Frage entsteht, gehen Sie auf die genau gleiche Art wie eben schon vor. Selbst dann, wenn Sie denken, dass Sie das alles selbst steuern, lassen Sie Fragen und Antworten einfach kommen und fließen.
Führen Sie diese Übung während einer Woche täglich einmal durch. Vergegenwärtigen Sie sich immer, dass Sie ganz einfach dem, was kommt, vertrauen können. Sie werden bemerken, dass sehr viel Interessantes aufs Papier kommt, was nicht Ihrem normalen Denken entspringt.

nach Diane Battung Kurs 9.1987, Interlaken

17. Imagination und Visualisieren

Ein Geiger, der mehrere Jahre im Gefängnis verbrachte und jeden Tag im Kopf übte, gab am Abend seiner Entlassung eine fehlerlose Vorstellung. Er hat sich der sogenannten motorischen oder kinästhetischen Imagination bedient, einer Methode, bei der man sich eine Bewegung vorstellt, so, wie wenn man sie selber macht. Dabei verwendet man mehr den inneren Körper als das innere Auge. Freiwillige übten zwei Stunden pro Tag fünf Tage lang, sich eine Fünffingerübung auf dem Klavier vorzustellen. Dabei wiederholten sie jede Fingerbewegung mental. Sie legten die Finger auf die Tastatur, durften sie aber nicht bewegen. Nach einer Woche führte diese Imagination zu einer Reorganisation der Körperprogrammierung, fast so, wie wenn die Freiwilligen tatsächlich geübt hätten. Sie spielten fehlerlos (Blakeslee/Blakeslee, S.89 ff.).

Hinzu kommt eine weitere wichtige Erkenntnis aus der neusten Forschung: Die meisten Methoden zur Leistungssteigerung haben das Erlangen eines hypnotischen oder entspannten Zustandes beim Vorstellen oder Imaginieren des Spiels, des Projekts, des Sprungs, des Schlags, des Geigenstücks zum Inhalt. Bilderleben im geeigneten Zustand kann die Blutzirkulation verändern. Dies bedeutet: Menschen, die fähig sind, sich in einen entsprechenden Zustand zu begeben, gelingt es die Bilder realistischer zu erleben und damit auch das Vertrauen ins Resultat zu erhöhen und die Reaktionszeit zu verringern. Es gibt verschiedene wissenschaftliche Versuche zu erklären, warum Bilder die Leistung im realen Leben verbessern. Doch eines ist absolut klar: Es funktioniert. (Barabasz/Watkins, S.420).

Deshalb sind alle mentalen Übungen, die Sie durchführen, dann besonders wirksam, wenn Sie sie in einem entspannten Zustand oder in einer Bewegungstrance einüben. Vergleiche HypeFlow, Lernen 3.0 und Aktiv-Wach-Höhenflug. Sie können dafür das Verfahren ‚der eigene Filmraum' einsetzen.

Ü 27 Der eigene Filmraum

Je mehr ich in meinen eigenen Filmraum gehe und dort Filme meines erwünschten Lebens mache, desto mehr ziehe ich die wunderbaren Fähigkeiten, die ich im Film habe, zu mir. Je mehr ich das, was ich mir wünsche tue, desto besser kann ich tolle Filme machen. Jedes Mal, wenn ich den Film erneut erlebe, wird er noch spannender, noch faszinierender, und ich erlebe neue, bislang unerwartete Aspekte dieser Sache.

Vorgehen:

Schließen Sie die Augen und gehen Sie in einen entspannten Zustand. Wenn Sie angenehm entspannt sind, machen Sie sich auf die Suche nach Ihrem inneren Filmraum. Gehen Sie jetzt einfach da hin.

In diesem Raum gibt es die vollständige Ausrüstung für die Produktion exzellenter Filme. Selbstverständlich steht hier ein riesiger Bildschirm und vielleicht noch ein paar kleinere Bildschirme fürs Testen. Dazu gehört auch ein Tonstudio für den perfekten Sound. Hier liegen nicht nur alle Töne und Geräusche, die mit dem Film irgendwie zu tun haben, sondern auch jede Menge Musik, die Sie vielleicht als Tonspur Ihrer Filme brauchen. Natürlich stehen Ihnen alle erträumten Bildeffekte zur Verfügung. Auf S.68 finden Sie eine Liste der Submodalitäten, mit denen Sie Ihren Film bearbeiten können. Sie können die Perspektive ändern, die Farben, die Geschwindigkeit und Sie können auch Ihre Position zum Bildschirm anpassen. Sie können sich bequem sitzend oder vor dem Film stehend dem Bildschirm zuwenden.

Sie drehen nun den absolut optimalen Film Ihrer Leistung, Ihres Projekts, Ihres Spiels. Schauen Sie sich dabei ganz genau zu, im Wissen, dass Sie jedes Mal, wenn Sie diesen Film wieder anschauen, etwas noch Interessanteres entdecken werden. Sie sind immer mehr fasziniert von Ihrem eigenen Film. Wenn der Film für den Oskar reif ist, testen Sie aus, wie es sich anfühlt, in diesem Film zu sein. Genießen Sie ein paar Augenblicke, ganz im Film zu sein. Scannen Sie durch Ihren Körper und erspüren Sie, wo Sie am meisten merken, dass es so gut läuft. Welche Emotionen, Gerüche oder welcher Geschmack gehören dazu? Fahren Sie weiter, neu Elemente hinzuzufügen oder unnötige Details wegzulassen. Genießen Sie es!

Nun, im Wissen, dass Sie jederzeit wieder in diesen Filmraum zurückkehren können, verlassen Sie Ihr Filmstudio und kommen ins Hier und Jetzt zurück. Gehen Sie oft zurück in Ihren Filmraum, denn je mehr Sie Ihre Zukunft verfilmen, desto phantastischer werden Sie sich fühlen.

Ü 28 Submodalitäten

Gehen Sie gleich vor wie bei Übung 32, Magic Words.

	Negative Erfahrung	Positive Erfahrung
Visuell		
Film oder Standbild?		
Farbe oder Schwarzweiß?		
Rechts/Links/Mitte von Blickfeld?		
Oben/Mitte/Unten im Blickfeld?		
Größer oder kleiner als in Wirklichkeit?		
Nah oder weit weg?		
Schnell oder langsam?		
Blickwinkel: bist du mit eigenen Augen Beobachter oder siehst du dich im Bild?		
Mit Rahmen oder Panoramabild?		
Real oder verzerrt?		
Auditiv		
Selbst sagen/andere sagen?		
Lautstärke?		
Tempo/Rhythmus?		
Regelmäßig/unregelmäßig?		
Quelle: woher?		
Harmonie/Kakophonie?		
Tonlage: höher oder tiefer?		
Kinästhetisch		
Qualität: prickelnd, warm, kalt, etc.?		
Intensität: stark oder schwach?		
Wo im Körper?		
Vibration/Zucken?		
Anspannung/Entspannung?		
Bewegung: Richtung, Geschwindigkeit?		
Atem: flach, tief, langsam, schnell?		
Olfaktorisch		
Welcher Geruch gehört dazu?		
Gustatorisch		
Welcher Geschmack gehört dazu? Bitter, sauer, süß?		

Ü 29 Image Streaming

Image Streaming ist äußerst einfach. Setzen Sie sich in einen bequemen Stuhl, schließen Sie Ihre Augen, und beschreiben Sie laut, was Sie in Ihrem Geist wahrnehmen.

Drei Faktoren sind bei diesem Verfahren absolut relevant:

- Sie müssen die Wahrnehmungen laut beschreiben, entweder einer anderen Person oder einem Tonbandgerät. Eine stille innere Beschreibung macht das Verfahren unwirksam.
- Sie müssen alle fünf Sinne für die Beschreibung verwenden. Wenn Sie zum Beispiel einen schneebedeckten Berg sehen, gehen Sie hinaus über die einfache Beschreibung dessen, was Sie sehen: Beschreiben Sie auch wie der Berg oder Schnee riecht, schmeckt, wie der Wind, der über den Berg bläst, heult und wie sich die Kälte anfühlt.
- Gebrauchen Sie ausschließlich die Gegenwartsform.

Vorbereitende Übungen

Mit einem bekannten Bild anfangen

Beschreiben Sie ein bekanntes Objekt oder eine bekannte Person mit geschlossenen Augen. In dem Moment, wo Sie diese Aufgabe erfolgreich zustande bringen, bedanken Sie sich bei Ihrem Inneren! Jetzt haben Sie schon angefangen, Ihre innere Welt erfolgreich zu erkunden. Bleiben Sie von jetzt an aufmerksam. Lassen Sie alle Bilder, die auftauchen, auch wirklich aufsteigen.

Prinzipien der Beschreibung

Wenn Sie irgendeinen Gegenstand, sei er nun real oder vorgestellt, zur gleichen Zeit beschreiben, wie Sie ihn beobachten, führt der einfache Akt der Beschreibung dazu, dass Sie immer mehr Details des Gegenstands wahrnehmen. (Der Grund dafür ist, dass Feedback die Gehirntätigkeiten anregt.) Die Beschreibung eines Gegenstands mit lauter Stimme, zuhanden einer anderen Person oder auf ein Tonband, ist eine der wirksamsten Methoden, zusätzliche Bilder zu entdecken. Je sinnlicher und je weniger abstrakt oder erklärend Ihre Beschreibung ist, desto prägnanter sind die Wirkungen der Beschreibung, v.a. dann, wenn Sie abstrakte oder komplexe Situationen beschreiben.

Wenn sich der Bildfluss nicht einstellt

Die laute Beschreibtechnik für eine schöne Landschaft

Beginnen Sie Ihre Image Streaming Sitzung mit einer Erinnerung an die schönste Landschaft, an die Sie sich erinnern können. Es sollte sich um einen wirklichen Ort handeln, nicht um eine lediglich vorgestellte Landschaft. Je tiefer Sie in der Beschreibung dieser real existierenden Landschaft gehen, desto größer wird die Chance, dass neue Bilder auftauchen. Gehen Sie weiter mit der lauten Beschreibung und lassen Sie die neuen Bilder entstehen.

Die Lichtquellen Nachwirkungstechnik

Starren Sie während 30 Sekunden ins Tageslicht (absolut nicht in die Sonne!). Schließen Sie anschließend die Augen und beschreiben Sie das Nachbild, welches von der Lichtquelle vor Ihrem inneren Auge verbleibt. Das Nachbild wird sich recht schnell in seiner Farbe, der Form und der Position im Blickfeld verändern. Neue Bilder entstehen, und Sie werden bald von einem vollen Bilderstrom getragen werden. Es können anstelle des Blicks ins Tageslicht auch andere starke visuelle Wahrnehmungen verwendet werden, die einen nachhaltigen Eindruck hinterlassen.

Sich an alte Träume erinnern

Viele Leute hatten einen oder mehrere Schlüsselträume, an den oder die sie sich ein Leben lang erinnern können. Wählen Sie einen solchen Traum aus. Beschreiben Sie ihn so lebendig wie möglich, und zwar in seiner ursprünglichen Abfolge. Wie immer wählen Sie für die Beschreibung die Gegenwartsform. An einem bestimmten Punkt wird der Traum zum Eigenleben erwachen und sich in Ihnen selbst vervollständigen. Bitte keinen Alptraum wählen!

Metaphern

Wählen sie irgendeinen guten, unterhaltenden Film, Roman oder Witz aus. Es sollte sich um eine Story handeln, die Sie kürzlich gesehen haben. Fangen sie an, Szenen aus diesem Film oder Roman zu malen, die der Autor noch nicht gefilmt hat (z.B. das nicht dargestellte Vorleben des Helden). Wenn Sie dies laut tun, werden Sie bald von einem genuinen Bilderstrom erfasst werden.

Phantasiemethode

Diese Technik verbessert Ihre Fähigkeit, verschiedene Sinne zusammen zu führen mehr als alle anderen. Hören Sie stark geladene und abwechslungsreiche Musik, z.B. französische Impressionisten, klassische Musik, Free Jazz. Dichte und Komplexität sind notwendige Voraussetzung für Visualisierung. Fangen sie an, mit geschlossenen Augen diese Musik zu hören und die Bilderwelt, die in Ihnen entsteht, laut zu beschreiben. (Vgl. dazu auch der ‚Purpurne Affe' S.45).

Blinde Kuh

Verbinden sie Ihre Augen. Gehen sie im Haus/Wohnung herum und fangen Sie an, Gegenstände zu beschreiben. Diese Übung lässt sich auch mit Speisen machen, die man dann ausführlich beschreibt, während man sie mit verbundenen Augen zu sich nimmt.

Skulpturen machen

Machen Sie mit verbundenen Augen mit Ihren Händen Skulpturen in die Luft. Beschreiben Sie diese Skulpturen für eine imaginäre Auktion.

Als Zug- oder Busfahrer

Schließen Sie die Augen, wenn Sie Zug oder Bus fahren. Stellen Sie sich vor, durch welche Landschaft Sie fahren.

Dies ist nicht nur eine gute Entspannungstechnik, sondern auch eine gute Methode, ‚verlorene Reisezeit' sinnvoll zu verwenden.

Wolke und Baum

Bei geschlossenen Augen erklimmen Sie einen Hügel, auf dessen Gipfel ein einziger, riesiger Baum steht. Nehmen Sie mit all Ihren Sinnen wahr, was Sie auf der Bergspitze erfahren: die wilden Blumen, den Wind, etc.
Wenn Sie den Gipfel erreicht haben, legen Sie sich auf das kühle Moos am Fuß des Baumes. Schauen Sie dem Stamm nach hoch in die Äste und die Krone des Baumes bis zum Himmel.
Fangen Sie an zu spüren, wie die Bewegung der Wolken Ihnen den Eindruck vermittelt, dass Sie sich mit dem Hügel zu bewegen beginnen. Gehen Sie mit dieser Bewegung und beschreiben Sie was auch immer Sie erleben.

Fortgeschrittene Methoden

Partnerreise

Diese Methode eignet sich für Partner, die sich mit dem Image Streaming bereits recht gut auskennen. Setzen Sie sich einander gegenüber hin, und schließen Sie die Augen. Fangen Sie an, sich gegenseitig Ihre inneren Bilder zu beschreiben. Wenn einer der Partner Atem holt, springt der andere ein, damit ein konstanter Fluss an Beschreibung vorherrscht. Lassen Sie keinen Platz für leeren Raum!

Der Spielcharakter dieser Übung ist ein exzellenter Katalysator für Image Streaming. Es verbessert Ihre Imaginationskraft schnell.

Den Kontakt mit dem Bildfluss stärken

Die Panoramascan-Technik

Sobald Sie eine klare Szene vor Ihren Augen haben, fangen Sie an, sich nach links zu drehen, ganz so, als ob auf Ihrem Kopf eine Kamera steckte (wie ‚google street view'). Beschreiben Sie die neuen Details, die in Ihr Blickfeld kommen. Drehen Sie sich um volle 360 Grad. Damit werden Sie ein einzigartiges Gefühl erleben ganz in einem dreidimensionalen Raum zu stehen.

Sinne ausdehnen

Erweitern Sie Ihre Wahrnehmungsfähigkeiten. Berührung ist wahrscheinlich neben dem Sehen der wichtigste Wahrnehmungskanal. Erforschen Sie verschiedene Oberflächen in Ihren inneren Bildern: die rohe Rinde eines Baums oder die körnige Oberfläche eines Ziegelsteins, das taufeuchte Gras unter Ihren baren Füssen, die Textur eines Plüschteppichs, etc. Tun Sie dies für alle Sinne.

Standort verändern

Sie können sich in Ihrem Bilderstrom vorwärts und rückwärts bewegen, geographisch wie auch in der Zeit. Von nachts in den Tag, vom Jahr 2008 in die Zeit vor Christi Geburt. Erforschen Sie verschiedene Wege, neue und unerwartete Details Ihres Bilderstroms wahrzunehmen.

Nach Wenger, Win: Der Einstein Faktor

Ü 30 Tunnelreise zum Erinnerungsort

Dauer: 4 - max. 8 Minuten

Suchen Sie sich ein bekanntes oder vorgestelltes Loch in der Erde, z.B. eine Baumwurzel, einen Eingang zur U-Bahn, ein Mauseloch.

Stellen Sie sich vor, wie Sie jedes Mal, wenn Sie ausatmen, immer kleiner werden, bis Sie durch diese Höhle/diesen Tunnel schlüpfen können.

Merken Sie sich gut, wie dieser Tunnel aussieht und gehen Sie durch, bis Sie das andere Ende erreichen. (Sie müssen den Tunnel auch jederzeit wieder verlassen können, so leicht, wie Sie einen Zebrastreifen verlassen, wenn sich ein Fahrzeug nähert.)

In dem Gebiet oder der Landschaft nach dem Tunnelende gibt es irgendwo einen Raum, wo das Wissen, das Sie suchen, gelagert ist. Gehen Sie dort hin, sehen, hören und fühlen Sie dieses Wissen und packen Sie das, was Sie sinnvollerweise mitnehmen können, in Ihr Reisegepäck.

Bedanken Sie sich bei Ihrem Wissen für die Bereitwilligkeit, sich Ihnen zu öffnen, und gehen Sie zum Tunnelende zurück, von wo Sie den Wiederaufstieg beginnen.

Verweilen Sie bei Wiederankunft beim ursprünglichen Höhleneingang und verdoppeln Sie Ihre Größe mit jeder Einatmung, bis Sie wieder Ihre ursprüngliche Originalgröße erreicht haben.

Machen Sie sich nach den ersten paar Reisen Notizen über die Reise und das, was Sie vom ‚Raum des Wissens' mitgenommen haben. Es kann auch nützlich sein, die Reise von einem regelmäßigen Trommelrhythmus von ca. 180 Schlägen pro Minute untermalen zu lassen. (Diese Reisen folgen der jahrhundertealten ‚Reisetradition' so genannt schamanischer Gesellschaften.)

Ü 31 Das Kippbild (nach Win Wenger)

Entscheiden Sie sich für eine Frage, die Sie beantwortet haben wollen.

Gehen Sie innerlich an einen schönen, sicheren Platz und nehmen Sie diesen Platz genau wahr (Sehen, Hören, Fühlen, Riechen, Schmecken). Nehmen Sie etwas wie eine Schranke, Grenze oder ein Hindernis wahr. Sie wissen, dass die Antwort auf Ihre Frage hinter dieser Schranke verborgen ist und sich die Zeit nimmt zu wachsen und zu entstehen. Gehen Sie nun zu diesem Tor oder diese Schranke, und beschreiben Sie die Grenze kurz und genau.

Erinnern Sie sich an Ihre Frage. Durchdringen Sie die Schranke, 3, 2, 1, schnell (!!!), damit Sie erwischen, was hinter dieser Grenze ist, bevor Ihr innerer Kritiker auf den Plan treten kann. Nehmen Sie wiederum wahr, was Sie sehen, hören, fühlen, riechen, schmecken. Vielleicht gibt es auch hier nochmals eine Schranke, die Sie auf die oben beschriebene Art durchschreiten.

Machen Sie weiter, bis Sie eine angemessene Antwort auf Ihre Frage haben. Achtung! Es ist möglich, dass sich Ihre rechte Gehirnhälfte in der Form von Metaphern oder Symbolen äußert. Ganz gleich, welche Antwort Sie erhalten, bedanken Sie sich bei Ihrem Unterbewusstsein für die Zusammenarbeit. Wenn Ihnen die Antwort nach wie vor unverständlich sein sollte, gehen Sie wie folgt vor: Fragen Sie Ihr Unterbewusstsein in der Art wie: „Wärest Du bereit, mir dieselbe Botschaft nochmals auf ganz andere Art zu übermitteln?" Lassen Sie sich davon überraschen, was dann geschieht.

18. Change Tools

Ü 32 Magic Words: Welt über Worte verändern

Wer kennt sie nicht, die Macht jener Wörter, die alleine schon beim Aussprechen, Denken oder Zuhören Gefühle und Reaktionen auslösen? Magic Words nutzt die Energie dieser Macht positiv für persönliche und berufliche Lebensziele.

Wörter mit gezielt eingesetzter Zauberkraft „aufladen". So wird ein Wort für Ihre Seele und Ihren Körper zu einem positiven Zukunftsboten. Ein Prüfling bekommt einen klaren Kopf und fühlt sich kraftvoll und kreativ, wenn das Wort PRÜFUNG fällt. Das Wort MIGRÄNE wirkt plötzlich befreiend und entspannend. Die verzauberte STEUERERKLÄRUNG erzeugt ein Gefühl von Tatkraft und Schaffensdrang – die Formulare sind im Handumdrehen ausgefüllt. Wörter aktivieren also plötzlich erwünschte und kraftvolle Reaktionen. Das liest sich wie Zauberei – und ist es auch … fast, denn diese Zauberei kann jeder erlernen.

Die Magic Word Methode nutzt das Gehirn gezielt, indem sie unser Nervensystem direkt anspricht. Innerhalb einer Minute kann man die Magie körperlich testen, da das Gehirn den Zauber sofort auf die Körperreaktion überträgt. Die Stresswirkungen sind tatsächlich spürbar verschwunden.

Wie geht das praktisch? Ich lade Sie auf eine kleine Forschungsreise zu Ihrer Selbstwahrnehmung ein.

Nehmen Sie eine Tätigkeit oder eine sich wiederholende Situation, in der Sie sich immer wohl und freudig fühlen, z.B. STRANDFERIEN. Dem setzen Sie jetzt eine Tätigkeit entgegen, die Ihnen immer schwer fällt, z.B. BUCHHALTUNG.

Lassen Sie nun einen Schriftzug für BUCHHALTUNG in Ihnen auftauchen. Wie sieht diese Schrift genau aus, wie fühlt sie sich an? Welche Töne gehören dazu?, etc. Benutzen Sie in der Tabelle auf Seite 77 für Ihre Analyse die linke Kolonne unter ‚zu verbessern'.

Nun machen Sie eine kleine Pause.

Jetzt widmen Sie sich den STRANDFERIEN. Wiederum analysieren Sie das Bild des Wortes STRANDFERIEN. Zur Analyse steht Ihnen die zweite Spalte ‚bereits optimal' zur Verfügung.

Nach Abschluss der Analyse Ihrer inneren Wahrnehmung dieser beiden Begriffe vergleichen Sie die Resultate. Wo gibt es Ähnlichkeiten, und v.a.: Wo gibt es Unterschiede? Vielleicht ist BUCHHALTUNG in schwarzen Großbuchstaben geschrieben, während bei STRANDFERIEN bunte Buchstaben in einer Welle tanzen.

Nun machen Sie folgendes Experiment: Schreiben Sie BUCHHALTUNG genau gleich wie STRANDFERIEN z.B. in tanzenden Farbbuchstaben. Beobachten Sie, was geschieht. Normalerweise sollte sich Ihr emotionaler Zugang zum Thema der Buchhaltung sofort verändert haben.

Mit dieser Methode vergleichbar ist auch die Analyse der Submodalitäten. Siehe S. 68 Ü 28.

Nach Besser-Siegmund, Cora: Magic Words

Magic Words: Den richtigen Schalter finden

	Zu verbessern	Bereits optimal
Visuelle Besonderheiten	Wort:	Wort:
Schreibweise des Wortes Ist es gedruckt geschrieben, nur mit Großbuchstaben oder große mit kleinen gemischt? Ist es von Hand geschrieben? Wenn ja, mit der eigenen Handschrift oder jener einer anderen Person? Von welcher Person? Wenn eigene Handschrift: die jetzige oder eine ‚jüngere'?		
Materielle Beschaffenheit der Buchstaben Mit Farbe oder Stift aufgetragen (flach) oder aus einem Material gefertigt (z.B. wie in Fels gehauen, mit Sahne auf Torte gespritzt, etc.)?		
Größe der Buchstaben: groß oder klein?		
Farbe der Buchstaben: farbig, dunkel, schwarz/weiß?		
Buchstabenhintergrund: hell, dunkel, farbig?		
Formbesonderheiten: z.B. Buchstaben fett, spitz, krakelig?		
Schriftbesonderheiten: Verlauf gerade, schräg, unregelmäßiges Auf und Ab, usw.?		
Buchstaben, die aus dem Rahmen fallen?		
Wo wird Wort im Raum wahrgenommen (bezieht sich auf innere Vorstellung)? Über mir, vor mir, links, rechts, usw.?		
Auditive Besonderheiten		
Welche Stimme sagt dieses Wort vor dem geistigen Ohr? Eigene? Andere?		
Lautstärke?		
Tonhöhe?		
Tempo der Aussprache?		
Wortmelodie?		
Klangquelle im Raum: Wie tönt das Wort? von hinten, vorn, oben, ist stereo, usw.?		
Gefühlsqualitäten		
Wie fühlt sich das Wort an?		
Geruch		
Geschmack		
Weitere Besonderheiten		

Ü 33 Der Perlen-Prozess

Ziel

Das Ziel des Perlen-Prozesses ist es, behindernde, einschränkende und traumatisch geladene künftige, gegenwärtige und vergangene Ereignisse in der eigenen Lebensgeschichte umzuwandeln in energetisch positiv geladene Momente.

Vorannahmen

Die wichtigste Annahme ist, dass sich sämtliche vergangenen, gegenwärtigen und künftigen Ereignisse unseres Lebens in der Form von Perlen darstellen lassen. Es wird auch davon ausgegangen, dass jeder Mensch seine Vergangenheit und Zukunft irgendwie verschieden speichert.

Aufgabe

Die Aufgabe besteht darin, alle gegenwärtigen, vergangenen und zukünftigen Ereignisse des eigenen Lebens auf eine stark gespannte Schnur aufzuziehen, so dass für jedes Ereignis eine Perle sichtbar ist. Die Perlen können dabei wie auch immer geartete Formen, Oberflächen und Farben haben. Wichtig ist, dass man sie alle sieht oder zumindest sehen kann.

Von einer Schaltstation aus bedient man einen fliegenden Teppich. Mit diesem digital voll ausgerüsteten fliegenden Teppich fliegt man über der Perlenkette hin und her, nähert sich der Kette oder nimmt größeren Abstand, während man Veränderungen an einzelnen Perlen oder Gruppen von Perlen vornimmt, solange, bis sämtliche Perlen die gewünschte Farbe, etc. haben.

Vorgehen

Man wandelt jene Perlen um, welche für Erfahrungen stehen, die als problematisch erachtet werden. Sie können verschiedene Veränderungstechniken einsetzen. Der Kreativität sind keine Grenzen gesetzt.

Grundsätze:

- Es können keine Perlen ersatzlos weggeworfen oder entfernt werden. Wo immer eine Lücke entsteht, muss etwas nachgefüllt werden.
- Den Überblick über die gesamte Perlenkette schafft man sich von einer distanzierten Position aus, von wo

aus sich Ressourcen und Probleme relativ leicht identifizieren lassen.
- Die Schnur muss während dem Veränderungsprozess gespannt bleiben. Zu diesem Zweck können Sie zwei Elefanten beauftragen, Ihre Schnur zu spannen und angespannt zu halten.

Die Zukunft: Radikal neue Methoden

Der Aktiv-Wach-Höhenflug (AWH)

Wäre es angenehm, näher an die versteckten Lern- und Erinnerungsfähigkeiten heranzukommen? Diese hervorlocken, von vorhandenen Fesseln befreien?

Fürs Lernen sich auftanken an den für Sie spezifischen inneren Orten der Kraft, in den Bergen, am Meer, im Wald, an einer Party oder sonst irgendwo. Zudem, im Umgang mit dem Lehrstoff laufend, gleitend, schwebend unterwegs sein, in der Luft, wie in Ihrer Kindheit oder später. Sich ankoppeln an Ihre Erfolgserlebnisse. Lernschub wieder spüren und sich damit in die Lern-Zukunft katapultieren.

Mit der Methode Aktiv-Wach-Höhenflug (AWH) vergrößern wir für jeden Lernenden einzeln die Wahrscheinlichkeit, dass Mühen, Anstrengungen und Hoffnungen beim Lernen, Üben, Verstehen und Planen sich wirklich lohnen:

Was ist AWH?

Der Aktiv-Wach-Höhenflug wurde als so genannte Aktivwach-Hypnose ab 1974 von Dr. Eva I. Banyai in Zusammenarbeit mit Professor Ernest R. Hilgard an der Stanford Universität entwickelt. Dr. G. Biró (Budapest/Ungarn) erweiterte das Verfahren für den Spitzensport und führte so u. a. den ungarischen Vierer-Kajak in Seoul zur olympischen Goldmedaille, ebenso 2008 die ungarische Wasserballnationalmannschaft in Beijing.

Beim Laufen oder anderen intensiv ausgeführten Tätigkeiten können tranceähnliche Zustände eintreten. Solche Zustände werden in der Aktivwach-Hypnose für Höhenflüge genutzt.

Die zum Höhenflug ansetzende Person sitzt auf dem Ergometer und beginnt, mit geöffneten Augen zu treten. Dabei erhält die Person vom Coach verbale Anleitungen (Suggestionen), die das Gefühl einer immer stärker werdenden Frische, Lebendigkeit und Aufmerksamkeit betonen.

Die Induktion erfolgt aus körperlicher Aktivität heraus. Dank der Suggestion von Wärme, Leichtigkeit und Frische gerät der Klient auf dem Ergometer in eine zunehmend euphorische Verfassung. Der Trancezustand kommt durch die Kombination aus motorischer Aktivität und den mit Suggestionen hervorgerufenen Gefühlen zustande.

> **Anwendungsbeispiele für AWH**
>
> - üben, mit Begeisterung und gehirngerecht zu lernen;
> - mentale Härte erzeugen, damit ich mich locker und spielerisch durchbeißen kann;
> - mich vom möglichen Quantensprung in meinem Leben nach Abschluss meiner Ausbildung so hinreißen lassen, dass es mich da mit Begeisterung hinzieht;
> - das Schreiben einer Masterarbeit von einer trockenen Pflicht in eine selbstvergessene, faszinierende Beschäftigung verwandeln;
> - spezifische Inhalte verstehen und memorieren, z.B. Rechtschreibregeln;
> - den Zugang zu meiner Spiel- und Spaßfähigkeiten wieder freilegen;
> - meine Kreativität für neue Ideen anzapfen, etwa meinen Geist auf eine innere Schatzsuche schicken oder mich in meiner vorgestellten Lieblingslandschaft speziellen Geistesblitzen aussetzen;
> - meine neue Business-Strategie verankern, indem ich das erwünschte neue Führungsverhalten auf eine neue Art systematisch skizziere und eintrainiere;
> - bei einem Down oder depressiven Verstimmung wieder in die Gänge kommen;
> - ADHS überwinden;
> - die nächste Präsentation in fließender Sprache durchführen statt zu stottern.

Rechtschreibung App: AWH in Aktion

Lernen in Bewegung oder Lernen 3.0 ist eine Praxisumsetzung des Aktiv-Wach-Höhenflugs (mehr Information bei www.rechtschreibung.li).

Zitate zu Erlebnissen mit der Methode der Höhenflüge

Lernen:

Nach erfolgreich bestandener Autoprüfung: „Ich bin da hin und war voll konzentriert. Die Koordination der Füße mit der Gangschaltung und dem Lenken hat wunderbar funktioniert."

Koch-Lehrling: „Ich bin das alles mit neuem Elan angegangen. Jetzt bin ich sicher, dass ich die Lehre mit Schwung absolviere."

„Ich bin jetzt bei den Prüfungen ganz ruhig. Die Kolleginnen stören mich nicht mehr, denn ich weiß, ich kann das selbst anpacken. Ich muss mich nur auf die Aufgabe konzentrieren, alles andere wird dann unwichtig." (Gymnasiastin).

Im Sport:

Stimme des Coachs: Dr. Gyula Biró war 2008 Coach des Teamkapitäns der sehr erfolgreichen ungarischen Wasserball-Olympiamannschaft. Biró schreibt: "... *Er war bei mir in 12 Sitzungen. Er hat während der Olympiade sehr gut gespielt und auch im Finalspiel. (Ungarn : USA 14 zu 10). Das ist schon die zweite Goldmedaille zu der ich beigetragen habe, das erste Mal war in Seoul.*"

Stimme eines Coach-Kollegen

250 Kilometer an insgesamt sechs Renntagen (die längste Etappe ging über 73,6 Kilometer) bei brennenden 40 Grad in einer erbarmungslosen Wüste – eine Tortur für den menschlichen Körper. „Und doch habe ich jeden Schritt genossen. Ich habe alles in mich aufgesaugt und nicht an die Schmerzen in den Oberschenkeln gedacht", sagt Michele Ufer. Es ging ihm um Genuss, es ging um zauberhafte Landschaften, und es ging nicht im Entferntesten um professionelles Laufen. Mit dieser Einstellung war er der Exot inmitten der ambitionierten Langstreckler. Kein Marathon, kein Halbmarathon, nicht einmal einen Fünf-Kilometer-Lauf hatte der 38-Jährige vorher absolviert. „Mir ging es nicht um Zeiten oder Platzierung, ich bin zum Spaß gestartet." Zum Spaß und um im Selbstversuch zu testen, wie weit der Mensch mit mentalem Training kommen kann. „Ich habe mir immer wieder eingeredet, dass ich mich frisch fühle und mir mit Musik gute Laune verschafft. Das hat geklappt", sagt Ufer. Die gute Laune – sie scheint der Schlüssel zu sein. „Die sportliche Vorbereitung war es definitiv nicht."

Lernen 3.0

Lernen 3.0: Was ist das? Lernen 3.0 steht für eine neue, spielerische und höchst wirksame Methode, bei der man in Bewegung lernt.

Lernen 1.0 ist das klassische Lebenslernen oder Lernen „on-the-job". Kinder erwerben sich die ganze Muttersprache mit einem riesigen Wortschatz und der richtigen Satzstruktur durch Beobachten, Austesten, Zuhören, Nachahmen. Ebenso werden die Kenntnisse der Bewegungen erworben. Auch die meisten Kulturtechniken, z.B. die Technik des Essens, wird auf eine spontane, lockere Art erworben, oft auch aufgrund der Vorgaben von anderen Kindern oder den Eltern.

Lernen 2.0 ist die Art und Weise, wie man in der Schule bis heute meist lernt. Informationsaufnahme im Sitzen übers Gehör und die Augen. Hier kommen die verschiedensten Lernmethoden zum Einsatz: Sich ein Bild von etwas machen, aus Texten exzerpieren, Kärtchen schreiben, Listen, Diskutieren, Mindmap, Lernen am Internet.
Mit den Methoden des Lernens 1.0 und 2.0 ist der Mensch bekanntlich zu erstaunlichen Lernleistungen fähig. Jugendliche, die tibetische Medizin studieren, müssen jährlich bis zu 20'000 Zeilen Text auswendig lernen. Viele Schüler kennen das Konzept des ‚Paukens' und sind relativ erfolgreich damit. Vor allem in der Lernwelt 2.0 vergisst man leider oft, dass Lernen automatisch und spielerisch vor sich gehen kann, so, wie wir es im Kindesalter mit Lernen 1.0 erfahren hatten.

Basierend auf den Forschungen von Prof. Dr. Eva Banyai und als Reaktion auf die Leiden vieler des Lernens überdrüssiger Jugendlicher haben wir nach Alternativen gesucht. So machten wir automatisch die Entstehung des Lernens 3.0 mit.

Lernen 3.0 heißt, **sich in einen optimalen Lernzustand bringen und** sich dabei in einem Höhenflug-Zustand bewegen. Langjährige Forschungen haben gezeigt, dass das Gehirn dann besonders aufnahmefähig ist, wenn ein Zustand entsteht, der dem sogenannten 'Runners' High' ähnlich ist. Ebenso hat sich herausgestellt, dass ein solcher Zustand durch Bewegung in wenigen Minuten erzeugt werden kann. Die Forschung schreibt diesem Zustand folgende Eigenschaften zu:

Reduzierter Betrieb im Gehirn. Weniger Streuung der Gehirnaktivität, bei stärkerem Fokus auf sich selbst. Deshalb Konzentration.

Suggestibilität: Das Gehirn befindet sich in einem Zustand, wo der Lernstoff besonders wirksam ist. Placeboeffekte treten auf: Man lernt, wie wenn man es jetzt schon erleben würde.

Imaginationsfähigkeit: Es fällt automatisch leichter, die Vorstellung Wirklichkeit werden zu lassen. Die hypnotische Visualisierungsarbeit erlaubt es z.B., sich vorzustellen, wie es wohl ist, wenn man die gewünschte Sprache flüssig und hemmungslos spricht. So wird eine unbewusste Vertrautheit mit der Zielsprache erzeugt, man fühlt sich nicht mehr so unwohl, man "fremdelt" nicht mehr.

Lernbeschleunigung: Aktivierung unbewusster Ressourcen, um Lernprozesse spürbar zu optimieren. Dazu zählt neben dem Merken von neuen Informationen natürlich auch die Fähigkeit, diese mühelos wiedergeben zu können.

HypeFlow

Das neuste Leistung-ist-geil Coaching

eine Komposition von zwei Methoden

- Sie möchten im Sport oder Beruf Höchstleistung erreichen.
- Sie engagieren und verausgaben sich, doch der erwartete Erfolg stellt sich irgendwie nicht ein.
- Die zu erledigenden Aufgaben in Familie oder Beruf fressen Sie auf. Die Lust auf die ewig gleichen Herausforderungen nimmt ab.
- Innerlich sind Sie unzufrieden, traurig, lustlos. Der Antrieb fehlt. „Wie soll es weitergehen?", fragen Sie sich.
- Ihre Konzentration könnte besser sein, Ihre Gedanken schweifen ab.
- Ihr Training, Ihr Beruf, Ihre sozialen Aufgaben langweilen Sie, oder vielleicht ist es einfach zuviel.
- Sie fürchten sich vor dem nächsten Spiel, dem nächsten Gespräch oder der kommenden Präsentation.
- Sie fragen sich, ob das alles noch einen Sinn ergibt.
- Sie sind beim Training, beim Lernen, beim Spielen blockiert und können nicht Ihre besten Resultate abrufen.

Für all diese Fälle ist der HypeFlow Prozess ideal.

HypeFlow ist eine von Jürgen C. Lux und Claude André Ribaux entwickelte Komposition von zwei einzigartigen Vorgehensweisen, dem Shift Consciousness Coaching (S.C.C.) und dem Aktiv-Wach-Höhenflug (AWH). Dabei werden nicht nur Blockaden in Windeseile mit dem S.C.C. beseitigt, sondern es wird auch das jeweilige Ziel im Höhenflugzustand oder Flow erlebt.
In einer ersten Phase (S.C.C.) schmelzen mit der Hilfe des erfahrenen Coachs Blockaden so leicht wie Eiswürfel in warmem Wasser. Die ehemalige Belastung entschwindet aus dem Körper-Geist System. S.C.C. verbindet präzise psychologische Fragestellungen mit Methoden aus der Schwingungsphysik. Die Herausforderung oder die Blockade löst sich meist in wenigen Minuten auf. Man fühlt sich erleichtert.

Stellt sich die Leichtigkeit ein, geht es in die zweite Phase (AWH): Erfolgreiche Sportler sagen über ihren mentalen Zustand während der Höchstleistung: «Es ging ganz von selbst.» – «Es war, als würde ich mir zuschauen». «Es lief einfach.» Diese Zustände nennt man oft «Flow»- oder «Zone»-Erlebnis. Solch einen mentalen Zielzustand erreicht man durch das optimale Bündeln von Aufmerksamkeit. Diese fokussierte Aufmerksamkeit wird beim Aktiv-Wach-Höhenflug (AWH) in Verbindung mit Bewegung am Ergometer trainiert. So stellt sich durch körperliche Bewegung oft ein Zustand hoher Konzentration und innerer Kreativität ein.

Der Aktiv-Wach-Höhenflug nutzt die Wirkung von Sprache und Bewegung bei der Erzeugung eines euphorischen Zustands.

Was sind die Elemente des Flow-Zustands im HypeFlow?

- Sie betrachten Ihre Aufgabe wie ein Spiel. Sie halten Ihre Absicht im Hinterkopf. Während des Tuns denken Sie immer wieder daran, was für Sie hinter dem Ziel steht. Zudem erinnern Sie sich an ein Codewort, das sich aus der S.C.C.-Arbeit ergeben hat.
- Konzentration: Falls Sie gedanklich abschweifen, wenden Sie automatisch Ihre Aufmerksamkeit wieder genau auf das, was Sie in diesem Moment sehen, hören, fühlen, riechen, schmecken.
- Sie lassen sich im Flow treiben und verbinden sich stets mit den durch die Blockadenauflösung Harmoniegefühlen.
- Sie erleben das Hochgefühl: Auf einmal merken Sie, dass Sie sich in einem Zustand der Ekstase oder des Höhenflugs befinden, und zwar in Zusammenhang mit dem Ziel, das Sie sich gesetzt hatten.
- Spitzenleistungen: Ein Hochgefühl entsteht, weil das gesamte Gehirn eingebunden ist. Alles schwingt auf einer Frequenz. In diesem Zustand hat man das Gefühl, etwas zu bewirken, ohne wirklich zu denken. Die Produktivität erreicht ungeahnte Höhen.

Beim HypeFlow wird nach der Auflösung von Blockaden mit S.C.C. in Step 1 ein so genannter Flow-Zustand hervorgerufen (Step 2). Dadurch fällt es leicht, über die Bewegung automatisch in den erwünschten Zielzustand zu gelangen.

Selbsthypnose

Obwohl seit Jahrzehnten bekannt ist, dass richtig formulierte, erwünschte Selbstsuggestionen in der Lage sind, beinahe jeden Bereich des Lebens positiv zu beeinflussen und auch Heilung anzuregen, ist die Methode der Selbsthypnose erstaunlicherweise noch nicht sehr verbreitet.

Ähnlich wie beim Aktiv-Wach-Höhenflug und beim Lernen 3.0 geraten wir auch bei Selbsthypnose in einen Zustand, der uns erlaubt, äußerst wirkungsvoll Einfluss auf sämtliche unserer mentalen Fähigkeiten zu erlangen.

Wenn man beim Einsatz von Suggestionen keine Selbsthypnose anwendet, muss man diese Suggestionen extrem häufig repetieren, bis sie erste Wirkungen zeigen.

Wie wir beim Thema Selbstgespräche schon aufgezeigt haben, ist die Kraft einer Affirmation oder Suggestion zudem vergleichsweise klein, wenn sie gegen eine unserer Grundüberzeugungen verstößt. Unwirksam sind bekanntlich all jene Suggestionen, die offensichtlich nicht der Wahrheit entsprechen und an die ich auch nicht glaube.

Und genau hier kommt die Selbsthypnose ins Spiel. Sie erhöht nach Dr. Norbert Pretz die Kraft der Suggestionen um das 25- bis 200-fache. Das hat zur Folge, dass Suggestionen nicht nur sehr viel schneller verinnerlicht werden, sondern auch dass die Wahrscheinlichkeit, eine erwünschte Suggestion zu akzeptieren, sehr viel höher ist.

Weil es so wichtig ist, noch einmal: Mit Hilfe der Hypnose können Sie Dinge erreichen, die Sie nicht für möglich halten und Sie erreichen diese Ziele erst noch schneller. Man kann mit Selbsthypnose körperliche Prozesse beeinflussen, z.B. auf ein kurzes Kommando Schmerzen abzuschalten.

Man kann Selbsthypnose mit großem Aufwand und relativ schlechten Erfolgsaussichten von CDs erlernen. Weit effektiver ist allerdings, wenn mit einem Coach ein hypnotischer Zustand erreicht und gespeichert wird. Dann lässt sich dieser Zustand mit ein wenig üben immer wieder abrufen, wenn man ihn einsetzen möchte.

Tabelle Logframe leer

Beschreibung des Projekts	Indikatoren	Mittel der Überprüfung	Annahmen, Risiken
Vision, Globalziel: Die breitere Wirkung, zu welcher das Vorhaben beiträgt.	Messen, bis zu welchem Grad ein Beitrag zur Zielerreichung geleistet wurde.	Informationsquellen, Methoden, Dokumentation, Berichte	
Zweck: Das Resultat, das am Ende des Vorhabens erwartet wird.	Bedingungen bei Projektende, die zeigen, dass der Zweck erreicht wurde.	Informationsquellen, Methoden, Dokumentation, Berichte	
Teilziele:	Messen, bis zu welchem Grad die Teilziele erreicht wurden.	Informationsquellen, Methoden, Dokumentation, Berichte	
Konkrete Resultate: Direkte und messbare Resultate	Messen der Qualität und der Quantität, sowie Überprüfung der Zeitpläne	Informationsquellen, Methoden, Dokumentation, Berichte	
Tätigkeiten: Was wird geleistet, um Ziele zu erreichen	Umsetzung	Informationsquellen, Methoden, Dokumentation, Berichte	

Mental-Training Literatur

Alman, Brian M. und Lambrou, Peter T. (1995): Selbsthypnose. Ein Handbuch zur Selbsttherapie. Carl Auer Verlag, Heidelberg.

Bauer, Joachim (2005): Warum ich fühle, was du fühlst. Intuitive Kommunikation und das Geheimnis der Spielgelneurone. Hoffmann und Campe, Hamburg.

Besser-Siegmund (2006): Mentales Selbst-Coaching. Die Kraft der eigenen Gedanken positiv nutzen. Junfermann Verlag, Paderborn.

Besser-Siegmund, Cora und Harry Siegmund (2001): EMDR im Coaching. Wingwave – wie der Flügelschlag eines Schmetterlings, Junfermann Verlag, Paderborn.

Csikszentmihalyi, Mihaly (14. Aufl. 2008): Flow: Das Geheimnis des Glücks. Klett-Cotta, Stuttgart.

Eberspächer, Hans (2012): Mentales Training: Das Handbuch für Trainer und Sportler, 8.Aufl. Stiebner Verlag, München.

Franke, Rainer und Schlieske, Ingrid (2006): Klopfen Sie sich frei! Rororo Taschenbuch.

Frankh, Pierre (2009): Das Gesetz der Resonanz. KOHA-Verlag Burgrain.

Heimsoeth, Antje (2013): Mein Kind kann's. Mentaltraining für Schule, Sport und Freizeit. Verlag pietsch, Stuttgart.

Heimsoeth, Antje (2012): Golf Mental: Pocket Training. Verlag pietsch, Stuttgart

Hölscher, Stefan (2011): Leben mit Drive. Die Entfaltung von Kreativität, Kraft, Leistung und Lust. Junfermann, Paderborn.

Kogler, Alois (2006): Die Kunst der Höchstleistung. Sportpsychologie, Coaching, Selbstmanagement. Springer Verlag.

Liggett, Donald R: Sporthypnose (2010). Eine neue Stufe des mentalen Trainings. Carl-Auer Verlag, Heidelberg.

Lötscher-Gugler, Hedy (2009): Das Daumen-hoch-Prinzip: Magische Werkzeuge für ein kraftvolles Leben. At-Verlag, München.

Lötscher-Gugler, Hedy (2006): Auf den Schwingen des Glücks. Blockierte Energien lösen. Walter Verlag, Düsseldorf.

Lötscher-Gugler, Hedy (2000): Lernen mit Zauberkraft. NLP für Kinder. Patmos Verlag, Düsseldorf.

Mayer, Jan und Hermann, Hans-Dieter (2009): Mentales Training. Springer Verlag.

Preetz, Norbert (2012): Nie wieder Angst. So lösen Sie Ängste in Minuten. Verlag Erfolg und Gesundheit, Magdeburg.

Ribaux-Geier, Beatrice (2013): Mentaltraining für Jugendliche. Tu es ... jetzt. BoD, Norderstedt.

Ribaux Beatrice und Ribaux Claude André (2011): Schärfen der Sinne. Ein Übungsbuch. BoD, Norderstedt.

Rossi, Ernest Lawrence (1991): Die Psychobiologie der Seele-Körper-Heilung. Neue Ansätze der therapeutischen Hypnose. Synthesis, Essen.

Shapiro, Francine (2013): EMDR-Grundlagen und Praxis. Handbuch zur Behandlung traumatisierter Menschen. 2. überarbeitete Auflage. Junfermann, Paderborn.

Simon-Adorf, Ute (2009): Mentaltraining in Frage & Antwort. Wie sich Geist und Körper wechselseitig beeinflussen. Junfermann Verlag Serie ‚Soft Skills kompakt', Paderborn.

Slade, Neil (2006): Der Glücksschalter. So nutzen Sie Ihr Gehirn zu 100 Prozent. Rororo Taschenbuch 62048, Hamburg.

Tracy, Brian (1998): Das Gewinner Prinzip. Gabler Verlag.

Vössing, Heidrun (2007): Die Kraft innerer Bilder. Vorstellungsvermögen als Zauberkraft. Imaginationen im Coaching. Junfermann Verlag, Paderborn.

Wenger, Win (2004): Der Einstein Faktor. Verlag für Angewandte Kinesiologie, Freiburg i.Brsg.

Zerlauth, Thomas (1996): Sport im State of Excellence. Mit NLP & mentalen Techniken zu sportlichen Höchstleistungen. Junfermann, Paderborn.

Zitierte Autoren und Quellen

Bandler, Richard (1987): Veränderung des subjektiven Erlebens. Fortgeschrittene Methoden des NLP. Junfermann, Paderborn.

Barabsz, Arreed/Watkins, John G. (2005): Hypnotherapeutic Techniques 2E. Taylor & Francis Books, Inc. New York and Hove.

Bartl, Reinhold (2009): Leistungsbeeinträchtigungen und Leistungssteigerungen im Sport, in: Revenstorf, Peter und Peter, Burkhard (Hrsg.) (2009): Hypnose in Psychotherapie, Psychosomatik und Medizin. Manual für die Praxis. 2. Auflage. Springer Medizin Verlag, Heidelberg, S.426-435.

Besser-Siegmund, Cora (2001): Magic Words. Der minutenschnelle Abbau von Blockaden. 4. Aufl. Junfermann, Paderborn.

Blakeslee, Sandra und Blakeslee, Matthew (2009): Der Geist im Körper. Das Ich und sein Raum. Spektrum der Wissenschaft, Heidelberg.

Byrne, Rhonda (2007): *The Secret. Das Geheimnis.* 10. Auflage. Goldmann (Arkana), München.

Dilts, Robert (2005): Professionelles Coaching mit NLP. Mit dem NLP-Werkzeugkasten geniale Lösungen ansteuern. From Coach to Awakener. Junfermann, Paderborn.

Laborde, Genie Z. (1991): Kompetenz und Integrität. Die Kommunikationskunst des NLP. Junfermann, Paderborn.

Nideffer, Robert M.: Theory of Attentional and Personal Style vs. Test of Attentional and Interpersonal Style (TAIS). pdf-Datei.

Saha, Shayamal Kumar (2009): Promotion of Self-help in Development & Social Change Constructing Non Subject-Object Processes, doctoral thesis Tilburg University.

Schmidt, Gunther (2010): Einführung in die hypnosystemische Therapie und Beratung, 3. Aufl., Carl-Auer Verlag, Heidelberg.

Unestahl, Lars-Eric (2007): Mentales Training. Energie und Selbstvertrauen mit Hypnose und progressiver Muskelentspannung. 3. Auflage. HYPNOS VERLAG Gudrun Schmierer GmbH & Co. Stuttgart. CD zur Selbstanwendung.

Claude André Ribaux, 1956, ist Leiter des eigenen renommierten Beratungsunternehmens GO und Partner der Firma Ribaux&Partner GmbH, Sozialwissenschafter, Unternehmer, zertifizierter EMDR-Coach, NLP Trainer (DVNLP), zert. Wingwave-Coach, systemischer Berater, Mediator, sowie Weiter-Entwickler der Aktivwach Hypnose und Produzent von Apps sowie Miterfinder des HypeFlow-Coachings.

Mit den Erfahrungen aus der Leitung von Dutzenden von internationalen Projekten und der Erkenntnis aus der Führung von über hundert Unterstellten, mit jahrelanger Praxis in der Durchführung von Trainings und Entwicklungsprogrammen in mehr als 20 Ländern begleitet er seit Jahren u.a. Führungskräfte, Politiker, Künstler und Sportler auf deren Weg zur Erfüllung ihrer Träume.

Immer wieder wird auch in der Presse über ihn berichtet. Er ist zudem ein gefragter Interviewpartner und Verfasser einiger Bücher und verschiedener Artikel.

Bei Fragen oder ‚Problemen' können Sie sich jederzeit an ihn wenden. Er steht für Ausbildungen, Coachings und Inhouse Seminare zur Verfügung.

Schreiben Sie an:
Claude André Ribaux
GO
Beethovenstraße 49
CH-8002 Zürich
info@clauderibaux.ch